# AI 흐름 읽기

## 인공지능총서

인공지능 시대입니다. 기계가 인간의 인지를 대신하고, 사물이 인간을 통하지 않고 다른 사물과 직접 커뮤니케이션합니다. 이에 따른 인간 삶과 문명 변화를 정확히 이해·예측·대응하는 것은 이 시대 우리 모두의 과제입니다. 인공지능총서는 인공지능 기술과 환경의 여러 주제를 10가지 키워드로 정리합니다. 관련 개념과 이론, 학계와 산업계의 쟁점, 우리 일상의 변화를 다룹니다. 인간과 기술의 현재, 미래를 세심히 분석합니다.

## 일러두기

- 인명, 작품명, 저서명, 개념어 등은 한글과 함께 괄호 안에 해당 국가의 원어를 병기했습니다.
- 외래어 표기는 현행 어문규정의 외래어표기법을 따랐습니다.

# AI 흐름 읽기

김영욱

대한민국, 서울, 커뮤니케이션북스, 2025

# AI 흐름 읽기

지은이 김영욱
펴낸이 박영률

초판 1쇄 펴낸날 2025년 4월 4일

커뮤니케이션북스(주)
출판 등록 2007년 8월 17일 제313-2007-000166호
02880 서울시 성북구 성북로 5-11
전화(02) 7474 001, 팩스(02) 736 5047
commbooks@commbooks.com
www.commbooks.com



ISBN 979-11-7307-787-6 03500

책값은 뒤표지에 표시되어 있습니다.

# 차례

# AI 흐름 읽기

AI의 세상을 바꾸는 혁신이 매우 빠른 속도로 이뤄지고 있다. 2022년 11월 챗GPT가 등장하며 시작된 이 혁신은 사람의 일상과 산업군의 발전에 많은 영향을 주고 있다. AI는 사람의 편의를 높여 주는 도구이자 또 하나의 새로운 무대로 자리 잡으며 많은 이들에게 새로운 기회를 제공하고 있다.

오픈AI의 챗GPT가 이끄는 생성형 AI 붐은 2022년 말부터 지금까지 AI를 모르면 산업을 이해하기 어려운 수준의 상황까지 이끌어 냈다. 구글, 애플, 마이크로소프트, 메타 등 글로벌 빅테크가 전 세계적인 입지를 차지했다면 현재는 오픈AI, 클로드, 미스트랄AI이라는 신흥 강자가 떠올랐고, 전 세계적인 AI 개발 붐은 그래픽 처리 장치(GPU)와 메모리 등 인프라 품귀 현상을 초래했다.

엔비디아의 장비는 불티나게 팔렸으며 AI 기업들의 엔비디아 의존도는 매우 높았다. 이에 엔비디아는 AI 대장주로 꼽혔고, AI와 주식을 몰라도 "엔비디아를 사야 했다"는 반응을 불러일으킬 정도로 엄청난 인지도를 쌓았다.

매우 높아진 엔비디아 의존도를 떨어뜨리기 위한 AI 기업들의 노력은 반도체 산업에 활력을 불어넣었다. 저마다 독자적인 칩을 개발했으며 AI 반도체 스타트업에 대한 투자 등으로 자금의 선순환이 이뤄졌기 때문이다.

국내 기업 중에서는 삼성전자와 SK하이닉스의 구도가 바뀌게 됐다. 메모리 시장의 선두 주자였던 삼성전자는 AI 인프라에 필수적인 '고대역폭 메모리(HBM)' 제품 경쟁에서 SK하이닉스에 뒤처지게 됐고, 엔비디아는 SK하이닉스와 계약을 체결했다. SK하이닉스의 봄날의 시작이었다.

SK하이닉스는 2022년 4분기부터 2023년 3분기까지 적자를 기록하며 최악의 1년을 보냈는데, AI 개발 열풍과 HBM3 경쟁력이 메모리 사업의 고공행진을 이끌었고, 2024년 매출액 66조1930억원, 영업이익 23조4673억원을 기록하며 창사 이래 최대 실적을 기록했다.

시장조사기관 그랜드뷰리서치에 따르면 전 세계 생성형 AI 시장 규모는 연평균 34.6% 성장, 2030년에는 1093억 달러(약 158조 원)에 달할 전망이다. 생성형 AI의 산업별 접목에 따라 연간 3조5000억~5조8000억 달러의 경제 성장 효과도 예상된다.

AI의 발전은 과거보다 더욱 가속화됐다. 일례로 오픈AI는 2015년 설립 이후 2018년 'GPT1', 2019년 'GPT2', 2020년 'GPT3'를 세상에 공개했다. GPT3 공개 2년 후인 2022년 11월 우리가 아는 'GPT-3.5'를 냈고, 2023년 3월 'GPT-4'를 출시했다. 이후 1년 9개월 뒤 o3 모델을 선보였다. 생성형 AI 모델을 출시하기 전까지 걸린 시간보다 챗GPT 이후 발전 속도가 비약적으로 빨라진 것이다.

AI는 눈 깜빡하면 달라질 정도로 눈부시게 발전하고 있다. AI로 인한 일상이 뒤바뀌는 현상도 발 빠르게 일어나는 중이다. 지금까지 네이버, 구글 등과 같은 포털 사이트에서 정보를 찾기 위해 많은 노력을 들여야 했다면, 이제는 챗GPT나 구글의 제미나이 등을 통해 쉽게 검색할 수 있다. 더 나아가 '퍼플렉서티'라는 AI 검색 툴이 등장했다. 학습 데이터만 활용해 답변했던 과거와 달리, 웹 브라우징 등을 비롯한 각종 기술력을 접목하며 일궈낸 혁신이다.

사람들의 AI 검색 경험은 AI가 일상의 친구로 자리 잡는 계기가 되고 있다. AI를 음식 레시피나 본인의 건강 상태를 확인하는 데 활용하며 AI로 이미지를 생성하거나 음악을 만들고 가수나 인플루언서의 목소리를 활용해 AI 커버곡을 제작한다. AI가 대화를 나누며 정보를 제공하는 친구이자 도전할 자신감을 북돋우고 도움을 주는 조력자가 된 것이다.

4대 AI 석학인 앤드루 응(Andrew Ng) 미국 스탠퍼드대학교 교수는 "AI는 새로운 전기"라고 강조했다. 우리 일상과 산업에 필수 조건이 된 전기처럼 AI가 범용 기술로서 가치가 뛰어나며 이를 통해 창출할 수 있는 가치가 다양하다는 뜻이 담겨 있다. 그만큼 AI가 중요한 것이다.

이런 가운데 AI는 매우 빠르게 발전하고 있는데, AI를 경험한 사람은 소수인 편이다. IBM이 발표한 『IBM 글로벌 AI 도입 지수 2023(IBM Global AI Adoption Index 2023)』 보고서에 따르면 AI 도입을 검토한 기업은 81%에 달하나, 적극적으로 AI를 활용하는 곳은 40%였다.

국민들도 AI를 피부로 느끼고 사용자 수가 늘어나는 추세이나, 아직은 부족하다.

과학기술정보통신부의 '2023 인터넷 이용 실태조사'에 따르면 2023년은 챗GPT 등 생성형 AI 서비스로 인한 전환을 맞이했던 시기였다. 주거 편의, 교육 · 학습, 교통, 커뮤니케이션 등 다양한 생활 분야에서의 AI 서비스 경험률은 50.8%에 달했다. 2021년 32.4%, 2022년 42.4%에서 꾸준히 높아졌다. 특히 6~19세 66.0%, 20대

61.0%, 30대 65.8%로 젊은 세대에서 더 높은 경험률을 보였다.

다만, 생성형 AI 서비스 경험률은 17.6%에 불과했다. 100명 중 17명만 생성형 AI 서비스를 이용한 수준이다.

생성형 AI 서비스 경험의 저조함은 인식과 사용성 간의 간극에서 나타난 현상이다. 챗GPT를 들어 본 이들이 많지만, 이후 AI 서비스에 대한 관심은 저조했고, AI 모델도 챗GPT 외에는 제대로 알지 못하는 이들이 많다.

정보통신정책연구원(KISDI)의 'AI 챗봇 인지도 및 이용형태 설문조사'에 따르면 2023년 6월 기준 국민 9757명 중 AI 챗봇을 전혀 모르는 이들은 13.6%뿐이다. AI 챗봇을 인지하는 이들이 무려 86.4%에 달할 정도로 높은 편이었다. 보스턴 컨설팅 그룹의 조사에 따르면 챗GPT를 아는 국민은 88%에 달했지만, 사용 경험은 26%로 집계됐다.

AI의 발전에 비해 이를 경험한 이들이 적은 것은 정보 불균형의 문제와 디지털 정보 격차를 유발한다. 인터넷, 스마트폰 등의 발달로 확장된 디지털 시대는 주요 매개체가 등장할 때마다 세대 간 분리되는 현상을 만들었다.

예를 들어 인터넷을 활용해 정보를 찾을 수 있는지, 스마트폰으로 통화, 문자 외에 애플리케이션 설치 등 간단한 조작을 할 수 있는지, 음식점 내 키오스크를 제대로 쓸 수 있는지 등으로 구분된다.

이러한 격차를 해결하기 위해서 '디지털 리터러시(Digital Literacy)' 교육이 떠올랐다. 디지털 리터러시는 디지털 시민의 필수 역량으로 미래 사회에서 요구되는 기초 역량으로 다양한 미디어를 접하면서 명확한 정보를 찾고, 평가하며, 조합할 수 있는 개인의 능력을 뜻한다.

'게임 체인저'인 AI는 인터넷과 스마트폰 이상의 파급력을 보여 줄 것으로 예상된다. AI는 스마트폰과 키오스크를 비롯한 디지털 기기보다 어렵기 때문이다.

AI를 활용해 원하는 결괏값을 도출하기 위해서는 단순한 검색이 아니라 정확한 질문을 해야 한다. 명확한 지시, 구체적인 정보 등을 다양하게 시도하며 가장 좋은 결과를 얻는 과정을 거쳐야 한다.

이 과정을 '프롬프트 엔지니어링(Prompt Engineering)'이라고 부른다. 프롬프트 엔지니어링은 대규모 언어 모델(LLM)과 같은 인공지능 모델에게 원하는 결과를 얻기 위해 입력하는 명령어인 프롬프트를 설계하고 최적화하는 기술이다.

예를 들어 AI에게 번역을 시킬 때 '제시한 문장을 영어로 번역해 달라'는 것과 '거래처에 이메일을 전달하고자 한다. 아래 문장을 격식 있는 논조를 담아 영어로 번역해 달라'고 하는 것은 극명한 차이를 보인다. 후자와 같이 자세한 요구 사항을 전달하면 AI의 답변 품질이 향상된다.

이에 AI 정보 불균형이 클 것으로 전망되며 이를 해소하기 위한 교육의 필요성이 대두되고 있다. AI 기술을 시대 변화에 부합하게 효율적으로 활용하기 위해서는 AI 기술에 대한 기능적 · 실용적 관점의 역량과 함께 AI와 인간 간 상호작용 전반의 사회적 · 인문학적 관점을 갖추는 등 AI 기술에 대한 올바른 태도와 가치관을 확립해야 한다.

AI 리터러시는 AI에 대해 비판적으로 평가하고 AI와 효율적으로 소통 · 협업하면서 일상생활과 업무에서 AI를 도구로 활용할 수 있는 역량을 의미한다.

AI 중심으로 구현될 미래 사회에서 인간과 AI 간 올바른 커뮤니케이션을 실현하기 위해서는 AI가 제공하는 데이터와 정보를 선택하고 평가 · 판단하는 과정에서 개인의 비판적 · 종합적 관점을 통한 책임 인식, 상호 권리와 의무에 대한 존중의 태도가 뒷받침되어야 한다. 이를 위해 사회 구성원들은 개인의 일상생활 영위 차원에서,

AI 관련 기술적 지식을 적극적으로 습득·공유하고 비판적 시각으로 판단·수용하는 태도를 갖춰야 한다.

AI 리터러시의 핵심 역량은 AI 관련 제품이나 서비스를 사용하며 AI 기술을 식별하고 이해하는 '인식' 역량, AI 기술을 적용해 작업을 능숙하게 수행할 수 있는 '활용' 역량, AI 제품과 서비스 사용 결과를 분석하여 비판적으로 판단할 수 있는 '평가' 역량, AI 기술 사용과 관련된 책임과 위험을 올바르게 파악할 수 있는 '윤리' 역량 등이다.

AI의 급부상은 기술로부터 도태되는 사람이 늘어나고 일자리가 줄어들 것이란 부정적인 전망을 동반하고 있다. 새로운 시대상에 맞는 사람이 되기 위해서는 AI와 친해져야 할 때다.

AI와 가까워지기 위해서는 인터넷, 스마트폰 혁명 때와 같이 어떤 AI 모델이 있는지, 어떤 AI 서비스가 있는지, 어떻게 하면 잘 쓸 수 있는지를 고민해야 한다. 이 책에서는 AI의 트렌드를 짚고 어떻게 흘러가고 있는지 안내하고자 한다.

이 책은 AI의 시작인 '기계학습(Machine Learning, 머신러닝)'부터 글로벌 유수의 AI 기업들이 달려가고 있는 범용인공지능(AGI)까지 다루어 AI에 대한 폭넓고 얕은 지식을 제공한다.

'머신러닝'은 현대 사회에서 인간에게 가장 친숙한 AI 기술이다. 바둑기사 이세돌과 대결했던 구글의 '알파고', 유튜브, 넷플릭스를 비롯한 각종 소셜미디어(SNS)와 영상 콘텐츠 플랫폼, 더 나아가 웹툰, 웹소설 등 콘텐츠 분야에서 널리 쓰고 있는 '추천 알고리즘'에까지 폭넓게 활용되고 있다.

이 머신러닝은 '매우 똑똑한 계산기이자 분류기'다. 더욱 빠르고 정확하게 계산하여 결괏값을 도출하며 컴퓨터에 입력시킨 수많은 데이터를 기반으로 일종의 '필터(filter)'를 만들면 이 필터를 통해 자동으로 분류해 낼 수 있다.

이로 인해 다양한 영역에서 머신러닝이 쓰이고 있다. 사람들이 흔히 아는 AI 기술은 머신러닝으로 개발됐다고 할 정도다.

여기서 더욱 발전된 기술이 '딥러닝'이다. 머신러닝은 기존보다 많은 데이터를 학습시킬 수 있었지만, 일정 수준을 넘어가면 포화(Saturation) 현상이 일어나면서 학습이 되지 않는다. 반도체 등을 비롯한 컴퓨터 기술의 발달은 머신러닝의 한계를 뛰어넘는 계기가 됐다.

딥러닝은 머신러닝보다 많은 데이터를 학습할 수 있

고, 더욱 복잡한 시스템을 갖추고 있는 모델이다. 하드웨어 성능으로 한계를 극복한 것이다.

머신러닝과 딥러닝의 확산은 인간에게 많은 이로움을 가져다줬다. 예를 들어 플랫폼 사용자는 본인의 취향에 맞는 콘텐츠를 추천받았고, 플랫폼 기업들은 상품의 수요가 있는 연령, 성별 등을 분석하고 실제로 구매할 것 같은 이들에게 광고를 선보이며 광고의 효율성을 극대화했다.

또 국내에서는 2016년 '알파고'와 바둑기사 이세돌의 대결로 AI에 대한 관심이 급증하여 컴퓨터공학과, 소프트웨어공학과에 많은 인재가 몰렸고, 초등학생들도 '코딩'에 관심을 갖는 등 정보기술(IT) 산업 발전의 토대가 되었다.

다만, AI의 한계론도 꾸준히 대두되어 왔다. 딥러닝 기술은 매우 뛰어나지만, 복잡한 내부 구조와 의사 결정 과정을 설명하기엔 어려웠고, 학습 과정에서 많은 사람의 노력이 필요했다. 전문 인력이 부족했고, 기존 시스템과 AI 기술을 통합하는 과정에서 기술적 복잡성과 비용 문제가 발생했다. AI 기술을 산업화하는 데 '무엇을, 어떻게'에 대한 고민도 이어졌다.

이러한 회의론을 감추게 한 것은 생성형 AI '챗

GPT(Generative Pretrained Transformer)'다. 생성형 AI는 주어진 데이터로부터 새로운 콘텐츠를 생성하는 AI 기술을 의미한다. 챗GPT는 'LLM(Large Language Model, 거대언어 모델)'이라고도 불린다.

2022년 11월 오픈AI가 선보인 챗GPT는 많은 이들에게 충격을 줬다. 머신러닝, 딥러닝 등 그동안의 AI와 달리 '사람의 말'로 AI와 대화할 수 있었기 때문이다.

챗GPT는 시스템이 아닌 사람처럼 자연어로 대화를 나눌 수 있었다. 데이터의 패턴을 분석하고, 그 패턴에 맞춰 분류, 계산 등 작업을 수행했던 기존의 기술과는 달리, 사람의 창의성을 모방하는 것이다.

사람들은 혁신을 경험하기 위해서 챗GPT에 몰려들었고, 글을 창작할 수 있다는 특징을 활용하여 보고서를 쓰게 하거나, 번역을 맡겼고, 대학생들은 작문이나 코딩, 본인들의 과제를 시키는 등 AI가 인간의 삶에 녹아들었다. 기술자들은 코딩을 시켰다. AI의 파도가 몰아치기 시작한 것이다.

챗GPT는 더욱 빠른 속도로 혁신을 가져왔다. 오픈AI가 2023년 3월 출시한 'GPT-4'는 단순 '텍스트' 외에도 이미지 등 각종 비정형 데이터를 입력값으로 받았고, 답변을 생성하기 시작했다. 모든 상황을 글로 풀어서 설명하지 않고, 질문에 이미지를 삽입하기만 하면 원하는 답을 들을 수 있게 된 것이다.

오픈AI의 공격적인 행보에 글로벌 기업들이 이에 질세라 합류하기 시작하며 AI 열풍을 확산시켰다. 사실 글로벌 빅테크 기업들은 오픈AI에 견주는 기술력을 보유하고 있었다. 구글은 '바드', 페이스북은 '라마'를 출시하며 AI에서도 두각을 드러냈다.

심지어 새로운 산업 리더들이 등장하기 시작했다. 구글, 오픈AI 등에서 기술을 담당해 왔던 이들이 주축이 되어 구성된 앤트로픽과 프랑스에서 성공한 미스트랄AI가 대표적이다. 이들은 각자의 방식으로 LLM을 출시했고, 뛰어난 기술력과 AI 산업에 대한 긍정적인 전망에 힘입어 많은 투자사와 기업으로부터 투자를 유치했다. 클로드는 안정성과 신뢰성을 담보하는 '클로드'를, 미스트랄AI는 동명의 AI 모델을 오픈소스 LLM으로 선보였다. 오픈소스 LLM은 AI 생태계 활성화를 위해 메타가 강조하는 것으로, 누구나 개발하고 다듬을 수 있는 모델이다.

뛰어난 언어 모델들이 등장하고 비약적인 기술 발전이 일궈졌지만, 비용의 문제가 해결되지 않았다. AI는 투자 비용 대비 수익성이 낮았기 때문이다. AI 모델 개발 경쟁이 심화했을 당시에는 수많은 기업들이 자체적인

AI 모델을 개발하겠다고 선언했지만, AI 모델 개발은 막대한 투자 비용을 감당할 수 있는 일부 기업들 위주가 됐다.

이때 기존의 AI 모델을 서비스화하는 이들이 등장했다. 챗GPT 등과 견줄 수 있는 LLM을 개발하는 것은 많은 투자 비용이 필요하고 생존할 가능성이 낮지만, 이미 뛰어난 AI 모델을 활용하면 시장의 선두 주자로 자리 잡을 수 있기 때문이다.

특히, 달리-3, 미드저니 등 이미지 생성 도구 등이 널리 쓰이기 시작하면서 AI 서비스에 대한 인식이 확산되고 있었고, 오픈AI는 2023년 초부터 API(application programming interface, 애플리케이션 프로그래밍 인터페이스)를 제공하여 서비스를 만들 수 있게 됐다. 게다가 오픈AI는 'GPT 스토어'라는 챗GPT 기반 서비스 마켓을 선보였고, 기업과 개발자가 아니더라도 AI 서비스를 만드는 장을 마련하여 AI 생태계 확장에 나섰다.

국내에서는 2023년 초부터 AI 개발 경쟁이 시작되었다. 네이버, 카카오, SKT, KT 등이 대표적으로, 생성형 AI가 확산되자 이들 기업은 AI 주권 확보를 외치며 한국형 언어 모델을 잇달아 출시했다. 이들은 AI 심화 시대에 발맞춰 기업의 전략을 구성하였고, AI의 경쟁력을 잃지 않도록 기술력과 인재 확보에 총력을 기울였다.

기업뿐만 아니라 정부도 함께 움직였다. 한국 정부는 2023년 초 '글로벌 톱 3 AI 강국'을 선언했다. 넘기 힘든 양대 산맥인 미국과 중국의 뒤를 잇는 AI 강국이 되겠다는 포부를 밝힌 것이었다. 범국가적인 역량을 총동원하며 전폭적인 예산을 투자하고 국내 기업들이 활용할 수 있는 인프라를 확충했다. 또 국민이 AI를 체감할 수 있도록 하는 '전 국민 AI 일상화'를 추구하며 건강 관리, 돌봄 서비스, 노동 환경 등에 AI 서비스를 보급하기 위한 노력을 이어 왔다.

이러한 과정에서 대두된 전 세계적인 어젠다는 'AI 주권'이었다. 오픈AI, 구글 등 글로벌 AI 강자들은 어떠한 학습 데이터를 활용했는지 공개하지 않았고 영미권의 정보는 정확했지만, 각 나라에 친화적인 모습은 보이지 않는다는 문제가 있었다.

챗GPT와 같은 외국의 모델에 익숙해진 한국인은 우리나라만의 고유문화나 정서를 잊을 수 있어 독자적인 AI 모델이 필요했다.

이때 등장한 개념이 '소버린 AI(Sovereign AI)'다. 소버린은 주로 국가의 정책이나 자원에 대한 독립적인 통제권을 뜻하는데, 소버린 AI는 각 국가가 자체 데이터와 인프라를 활용하여 그 국가나 지역의 제도, 문화, 역사, 가치관을 정확하게 이해하는 AI를 개발하고 운영하는 것을 의미한다.

소버린 AI는 한국에서만 언급되는 개념이 아니다. 전 세계에서 주목하고 있으며 동남아시아 지역에서는 소버린 AI를 구축하기 위해서 한국의 기업들에 러브콜을 보내고 있다. 기술적인 역량이 부족한데, 이를 한국 기업의 도움을 받아 독립된 시스템을 구축하기 위함이다.

'범용성'과 '빅'을 지향하던 AI 리더들은 AI 저변 확대 속에서 투자 비용과 환경 문제를 직면하며 '리틀'을 추구하기 시작했다. 보다 적은 학습 데이터와 비용으로 AI 모델을 개발했다. 이를 통해 등장한 소형언어 모델은 제한된 환경에서도 효율적으로 동작했다. 이 모델은 저사양의 기기에서도 실행할 수 있었고, 에너지 소비를 최소화했다. 또 특정 업무에 맞게 설계됐는데 뛰어난 역량을 보여 줬다.

이러한 트렌드의 전환은 '온디바이스 AI' 시대를 앞당겼다. 온디바이스 AI는 서버와 기기 간의 통신을 하지 않아도 되어 인터넷 연결 없이도 AI를 경험할 수 있는 AI다.

특히, '개인정보'를 보호할 수 있다는 점이 주효했다.

AI의 문제점 중 하나는 '보안'이었다. 내가 AI에 입력하는 정보들을 학습 데이터로 재활용하면 개인정보 및 사생활이 유출되는 것이며, 나의 사생활이 다른 이의 답변에서 등장할 수 있다는 우려가 있었다.

온디바이스 AI는 나의 정보를 지킴과 동시에 사용자 중심적인 환경을 마련할 수 있다는 장점이 있다. 가장 대표적인 온디바이스 AI는 'AI 폰'이다.

최근 삼성전자와 애플은 AI 폰을 전면에 내세우며 본격적인 경쟁을 하고 있다. 이를 위한 다수의 파트너십이 글로벌 시장에서 이루어지고 있으며 사람들은 AI를 모바일에서 쉽게 경험할 수 있게 됐다.

온디바이스의 AI 혁신은 모바일에서 멈추지 않는다. 더 나아가 로봇, 자율주행 등에 녹아들면서 사람의 일상을 더욱 편리하게 만들 수 있다.

이와 같은 '빅 앤 리틀'에서 '빅'은 더욱 사람처럼 가공됐다. 오픈AI가 2024년 5월 공개한 GPT-4o는 영화 〈그녀(Her)〉를 연상케 했다. 영화 〈그녀〉는 과학 기술의 발달과 함께 개인화된 2025년 미래의 로스앤젤레스에서 인격형 AI 서비스와 사랑에 빠진 남자의 이야기를 담은 SF 멜로 영화다. 영화가 현실이 된 순간이다.

GPT-4o 공개 현장에서는 AI가 카메라로 세상을 봤고,

마이크와 스피커로 사람과 대화를 나눴다. 실시간 통역도 했다. AI와의 새로운 상호작용이 시작된 것이다.

특히, 지역의 특징을 잘 살렸다. GPT-4o는 한국의 사투리를 이해한다. 지역적 억양, 관용 표현, 문화적 맥락에 맞춘 대화 생성이 가능해졌다.

이는 기술의 비약적인 발전이 토대가 됐다. AI 모델을 혼합하는 각종 기술과 AI의 '눈'과 '뇌'를 뛰어나게 하는 VQA(Visual Question Answering) 등이 고도화한 결과다.

아울러 오픈AI가 선보인 GPT o1과 o3, 구글의 제미나이 플래시는 범용인공지능(Artificial General Intelligence, AGI)에 대해 기대하게 만들었다. 범용인공지능은 사람과 유사한 범위의 지능을 갖춘 인공지능을 의미한다.

AGI는 현재 AI 모델들의 한계를 뛰어넘고, 인간처럼 상황을 이해하고 새로운 문제를 해결하는 역량을 갖출 것으로 예상된다. 과거 영화 〈터미네이터〉에서 등장한 '스카이넷'과 〈아이언맨〉에 등장하는 '자비스'와 같은 시스템이 현실화할 수 있다는 기대감을 주고 있다.

다만, AGI는 아직 구체화한 단계가 아니며 윤리적, 사회적인 문제를 심화할 수 있다. 인간의 개발 의도와 무관하게 판단하고 행동할 수 있기 때문이다. 이에 사회적 합의를 통해 AGI를 책임감 있게 활용할 방안을 모색해야 할 필요가 있다.

## 참고문헌


뉴데일리경제(2024.10.18). "142兆 규모 생성형 AI 시장 잡아라"… 국내 SI 3사, 호실적 승부수. https://biz.newdaily.co.kr/site/data/html/2024/10/18/2024101800092

오윤석(2024). 『AI 챗봇 인지도 및 이용형태 설문조사』. 정보통신정책연구원.

장미경(2024). 챗GPT 시대, 인공지능 리터러시의 필요성과 역할. ≪이슈페이퍼≫, 4호, 4-10쪽.

IBM(2024). 『글로벌 AI 도입 지수 2023』.

# 01
# AI 열풍

AI 열풍은 2016년 알파고가 바둑기사 이세돌 9단에게 4대 1로 승리하면서 본격적으로 촉발되었다. AI의 비약적 발전은 사실 1959년 IBM 연구원 아서 새뮤얼이 제안한 '머신러닝' 개념에서 비롯된 것으로, 기계가 스스로 학습하고 성능을 개선해 나가는 지도 학습, 비지도 학습, 강화 학습 등이 넷플릭스 · 유튜브의 추천 시스템이나 페이스북의 맞춤형 광고 등 일상 분야에 다양하게 활용되어 왔다.

## 최초의 AI 열풍 이끈 '알파고'

AI 열풍은 챗GPT가 '최초'가 아니다. AI에 대한 관심을 유도한 주인공은 바로 '알파고'다.

'알파고'는 구글 딥마인드에서 개발한 AI로 2016년 3월 바둑기사 이세돌 9단과의 '세기의 바둑 대국'에서 4대 1로 승리하면서 우수한 성능을 입증했고, 전 세계의 많은 관심을 유도해 냈다.

이세돌 9단과 알파고의 대국에 앞서 많은 이들은 인간이 유리하다고 전망했다. 앞서 체스에서는 AI가 사람을 뛰어넘었지만, 바둑은 경우의 수가 '우주의 원자 수보다 많다'는 얘기가 있을 정도로 체스와 달리 모든 수를 계산하기가 사실상 불가능하다고 여겨졌기 때문이다. 전문가들은 단순히 계산만 해서는 효율적인 대국이 어려울 것이라고 평가했다.

예상과 달리 알파고는 이세돌 9단을 상대로 '알파고 쇼크'라는 말이 탄생할 정도로 손쉽게 대국에서 제3국까지 압도적으로 승리했다. 이세돌 9단이 '신의 한 수'인 78수를 두고 승리하면서 AI의 한계도 드러났지만, 알파고는 한국기원으로부터 명예 프로 9단 단증을 수여받았다.

이세돌 9단은 "구글에서 이런 AI도 만드는구나 정도로만 생각했었다. 그래서 대국을 좀 쉽게 생각한 부분도 있었다. 승부 호흡도 없고 고민도 하지 않고 바로 수를 두는 모습을 보니 정말 벽에다가 테니스공을 치는 느낌이었다"라고 소회를 말했다.

알파고는 이세돌과의 대국 1년 뒤인 2017년 5월 중국의 랭킹 1위 바둑기사인 커제 9단과 대국에서 3대 0 완승을 거뒀다. 바둑의 정점에 올라선 것이다. 이후 알파고는 바둑에서 은퇴했다. 추후 구글 딥마인드는 인간의 데이터를 활용하지 않고 완전히 자가 학습만으로 바둑을 익힌 '알파고 제로'를 발표했으며, 학습 3일 만에 기존의 알파고를 100대 0으로 압도했다.

## 머신러닝의 등장

AI가 사람보다 뛰어날 수 있다는 것을 입증하는 데는 정말 오랜 시간이 걸렸다. AI의 시초가 등장한 건 1959년이다. IBM 연구원이었던 아서 새뮤얼(Arthur Samuel)은 1959년 발표한 논문에서 '머신러닝'이라는 단어를 처음으로 썼다. 아서 새뮤얼은 체스와 유사한 보드 게임인 '체커 게임'을 통해 기계가 스스로 학습하고 성능을 향상하는 방법을 탐구했고, 실질적인 사례를 함께 소개하면서 자기학습 알고리즘의 기초를 발표했다. 이 기초는 향후 머신러닝과 AI 연구에 큰 영향을 미쳤다.

머신러닝(Machine Learning)은 인공지능의 한 분야로, 컴퓨터가 명시적으로 프로그래밍되지 않아도 데이터를 기반으로 학습하여 스스로 개선해 나가는 기술을 의미한다. 컴퓨터를 사람처럼 학습시키는 것이다. 머신러닝의 목적은 데이터를 분석하고 패턴을 발견함으로써 예측이나 의사 결정을 자동화하는 것이다. 이를 통해 컴퓨터는 경험을 통해 점차 더 나은 성능을 보이도록 학습한다.

머신러닝의 유형은 지도 학습, 비지도 학습, 강화 학습 등 크게 세 가지다. 지도 학습은 컴퓨터에 '정답'인 데이터를 학습시킨다. 컴퓨터는 학습 데이터를 기반으로 입력값을 판별하고 올바른 출력값을 내놓는다. 가장 대표적인 예시는 '개와 고양이 분류기(Cat & Dog Classifier)'다. 개와 고양이 사진을 학습시킨 시스템에 학습시키지 않았던 새로운 개의 이미지를 넣으면 '개'라고 판별해 준다.

비지도 학습은 말 그대로 '정답'을 주지 않는다. 입력 데이터의 특징을 모델이 직접 분석하고 유사한 것들끼리 자동으로 그룹화하는 방식이다. 예를 들어 고객의 데이터를 건네주면 알아서 비슷한 구매 패턴을 가진 데이터끼리 묶어 준다. 또 대량의 데이터를 처리할 때 데이터의 크기를 줄여 주기도 한다.

강화 학습은 컴퓨터가 스스로 학습하는 방식으로 비지도 학습과 다른 점은 보상과 처벌을 준다는 점이다. 주어진 환경에서 행동을 취했을 때 피드백을 주는 것으로 시스템은 최대 보상을 얻는 행동 방식을 학습하는 걸 목표로 한다.

머신러닝은 범용적으로 많이 쓰이고 있다. 우리가 잘 아는, '알고리즘'이라고 불리는 추천 시스템이 머신러닝으로 만들어졌다. 넷플릭스, 유튜브, 스포티파이 등 스트리밍 서비스는 머신러닝을 사용해 사용자가 좋아할 콘텐츠를 추천해 준다. 대표적으로 넷플릭스는 시청 시간대, 콘텐츠 시청 시간, 선호 언어 등을 고려해 이용자가 좋아할 만한 영화, 드라마 등을 선택지로 제공한다.

페이스북 등 소셜미디어(SNS)는 맞춤형 광고에 머신러닝을 도입했다. 페이스북은 '좋아요', 성별, 연령대 등을 종합적으로 고려해 광고를 노출해 광고를 본 사용자의 실질적인 구매로 이어질 수 있도록 하고 있다.

이 외에도 머신러닝은 의료, 금융, 자율주행, 보안, 마케팅, 제조 및 로보틱스, 환경 및 에너지 등 다양한 분야에 도입돼 각재각소에서 활약하고 있다.

## 발전된 머신러닝 기법 '딥러닝'

'다다익선'. 모델을 학습시킬 데이터가 많으면 많을수록 모델의 성능도 정비례한다. 다만, 머신러닝은 수용할 수 있는 데이터 양에 한계가 존재한다. 범용성이 좋다고 정평이 난 머신러닝도 만능은 아니었다. 머신러닝으로 개발된 모델은 충분한 데이터를 학습한 후에는 모델의 성능이 일정 수준에서 포화(Saturation) 상태에 이르게 된다. 이미 최적화된 모델에 데이터를 계속 학습시키면 과적합(Overfitting) 문제가 발생한다. 모델이 학습 데이터에만 맞추게 돼 일반화 능력을 상실하거나 유의미한 패턴이 아닌 비정상적인 데이터에 맞춰지게 되는 결과를 낳는다. 이를 해결하기 위한 다양한 방법론이 제시됐는데 시대의 흐름에 따라 발전된 기술 중 하나가 알파고를 만든 '딥러닝' 기술이다.

'딥러닝'은 머신러닝의 한계를 극복하기 위한 여러 가지 발전이 결합해 등장했다. 먼저 컴퓨팅 파워의 발전이 큰 역할을 했다. 과거에는 여러 층의 신경망을 훈련하는 것이 현실적으로 어려웠지만, 그래픽처리장치(GPU)의 발전으로 대규모 데이터와 복잡한 모델을 빠르게 처리할 수 있게 됐다. 모델이 복잡해질수록 연산 속도가 느려지는 문제를 하드웨어 성능으로 극복했다.

또 디지털 시대를 맞이해 빅데이터가 폭발적으로 증가했다. 빅데이터는 소셜미디어(SNS), 전자상거래, 의료, 사물인터넷(IoT), 금융, 위성 및 지리 정보, 엔터테인먼트 등 현대 사회의 다양한 산업과 분야에서 생성되고 있다.

딥러닝은 이 대규모 데이터에서 자동으로 특징을 추출할 수 있는 강력한 능력을 발휘하며 데이터가 많아질수록 더 성능이 향상되는 특징이 있다. 이를 통해 딥러닝은 기존 머신러닝 모델이 어려움을 겪었던 이미지, 음성, 텍스트 등 비정형 데이터에서 뛰어난 성능을 발휘할 수 있게 됐다. 새로운 기술이 도입되면서 훈련 방식이 매우 발전하면서 딥러닝은 머신러닝의 한계를 뛰어넘었고, 다양한 산업과 분야에서 혁신적인 응용을 가능하게 만든 중요한 기술로 자리 잡았다.

인간을 이긴 '알파고'가 바로 '딥러닝'으로 개발된 대표적인 AI다. 딥러닝을 기반으로 하고 있어 알파고는 기보를 계속해서 학습할 수 있었고, 경우의 수가 너무 많아 사람을 이기기 쉽지 않을 것이라는 예상을 뛰어넘을 수 있었다.

딥러닝도 머신러닝처럼 한계는 존재한다. 너무 많은 데이터가 필요하며 특히, 모델이 어떻게 결론에 도달했는지, 어떤 패턴을 학습했는지 명확하게 해석하기 어렵다. 예를 들어 의료나 금융과 같은 분야에서는 의사 결정의 투명성이 매우 중요하지만, 딥러닝 모델은 이러한 투명성을 제공하는 데 한계가 있다. 이런 한계를 보완하고 창의적인 문제 해결하기 위한 수단으로 '생성형 AI'가 급부상했다.

### 참고문헌


구글 블로그. https://blog.google/intl/ko-kr/company-news/technology/ai-conversation-with-lee-sae-dol-kr/

넷플릭스. https://help.netflix.com/ko/node/100639

페이스북 블로그. https://www.facebook.com/business/news/good-questions-real-answers-how-does-facebook-use-machine-learning-to-deliver-ads

Samuel, A. L.(1959). Some Studies in Machine Learning Using the Game of Checkers. *IBM Journal of Research and Development.*

## 02
# 세상을 뒤집은 챗GPT

챗GPT는 AI에 대한 회의론이 팽배하던 시기에 등장해, 마치 사람처럼 자연스럽게 대화하고 창의적인 결과물을 내놓으며 전 세계적 돌풍을 일으켰다. 단순 작업을 넘어 대화와 협업이 가능한 '인간적인 AI'가 탄생했다는 점에 사람들이 열광한 것이다. 챗GPT는 기계가 인간을 이해하고 정서적 공감까지 표현할 수 있다는 가능성을 열어 보여 주었고, 이를 계기로 글로벌 빅테크와 국내 IT 기업들이 경쟁적으로 AI 혁신의 선두에 서기 위해 시장에 뛰어들고 있다.

AI는 혁신의 아이콘으로 자리 잡았으나, 이렇다 할 성과를 내지 못하면서 회의론이 대두됐다. 미래 기술로는 인정하지만, 현실에 적용하기엔 한계가 있다는 주장이었다.

이런 가운데 오픈AI의 챗GPT의 등장은 전 세계를 놀라게 했으며 불가능해 보였던 미래를 현실화할 수 있다는 가능성을 시사하며 또 한 번 혁신을 일으키는 시발점이 됐다.

챗GPT는 2023년부터 세계적으로 알려지기 시작했지만, 가장 초기 모델은 이세돌 9단과 구글의 '알파고'가 대결하고 2년 뒤 세상에 공개됐다.

챗GPT는 하늘에서 툭 떨어진 AI는 아니다. 오픈AI는 2018년 GPT(Generative Pre-trained Transformer)를 발표하며 자연어 처리 기술의 새로운 장을 열었다. GPT는 대규모 데이터 학습, 트랜스포머 구조, 문맥 이해 등에서 다른 AI와 차별된 모습을 보였다.

특히, 병렬 처리가 가능해 모델의 학습 속도와 성능을 향상했고, 문장의 앞뒤 맥락을 고려해 더욱 자연스럽고 논리적인 문장을 생성할 수 있다는 강점이 있었다.

이후 오픈AI는 2020년 더욱 업그레이드된 GPT-3를 공개했다. 1750억 개의 매개변수를 사용해 학습시킨

GPT-3의 대화 능력은 인간과 구분하기 어려운 수준이었다. 이때부터 AI는 단순히 사람의 명령을 따르는 것 이상으로 사람과 복합적인 상호작용을 할 수 있으리란 기대를 받았다.

오픈AI는 2023년 11월 우리가 흔히 '챗GPT'로 알고 있는 GPT-3.5를 선보이며 AI 혁신의 선두 주자로 자리 잡았다. 지금까지 본 적 없던 인간과 유사한 창의력을 가진 GPT-3.5의 등장은 세상을 놀라게 했다.

'알파고'의 충격 이후 사람들은 AI를 똑똑한 계산기로 봤는데, 나와 대화하는 계산기가 나보다 더 똑똑하고, 말을 잘한다는 것은 신선함으로 다가왔다. 호기심이 넘치는 사람들이 GPT에 몰렸으며 전 세계적인 관심을 받은 챗GPT는 출시 2개월 만에 사용자 1억 명을 돌파하며 역사상 가장 빨리 성장한 앱이라는 기록을 세웠다.

GPT가 많은 관심을 받은 건 자연어를 이해하고, 사람과 양방향으로 소통을 할 수 있기 때문이다. AI의 프롬프트에 모국어로 대화를 입력하면 AI가 알아서 뜻을 이해하고 내가 원하는 결괏값을 전달해 준다.

전문적인 지식을 배우지 않아도 누구나 일상생활에 쓸 수 있어 AI는 진입장벽이 매우 낮고, 범용적이고 실용적이다. 영화 〈아이언맨〉에서 봤던 '자비스'와 같은 비서를 누구나 경험할 수 있다는 의미다.

과거부터 다양한 작업 과정에서 컴퓨터는 인간의 입력값을 기반으로 결괏값을 내는 기계에 불과했다. 문서 작업이나 검색에 도움을 받을 수 있으나 사람이 직접 공을 들여야 했다. 이런 가운데 GPT-3.5를 필두로 한 AI의 인간적인 대화는 전 세계의 혁신을 가속화하는 계기가 됐다.

챗GPT는 기술적 혁신을 넘어 인간과의 관계를 재정립한 도구로 평가받고 있다. 앞선 GPT 모델은 단순히 텍스트를 생성하는 데 그쳤지만, 챗GPT는 인간의 의도를 이해하고 정서적 공감을 표현하며 실질적인 조언을 제공하는 데 중점을 뒀다.

특히, 챗GPT는 사용자의 피드백을 바탕으로 점진적으로 발전하도록 설계됐고, 인간 중심적 AI 기술의 본보기가 됐다. 단순히 기술적 성과를 넘어 인간과 기계의 새로운 소통 방식을 이끌어 내는 데 성공한 것이다.

또 대화의 맥락을 기억하고 이전의 질문과 연결된 답변을 생성하며, 다양한 분야의 질문에 유연하게 답변하는 다재다능함을 보여 줬다.

코드로 구성된 소프트웨어(SW)인 AI가 우리의 언어로 대화하게 된 건 자연어 처리(Natural Language

Processing, NLP) 기술 덕분이다. NLP는 컴퓨터가 인간 언어를 이해하고 생성할 수 있도록 돕는 기술로, 텍스트 분석, 번역, 음성 인식 등 다양한 응용 분야를 포함한다.

초기의 NLP 기술은 주로 단어 빈도 분석이나 간단한 문장 구조 파악에 그쳤으나, 기계학습과 딥러닝의 발전으로 AI가 문맥을 이해하고, 의미를 추론하며 복잡한 문장을 생성할 수 있게 됐다.

NLP의 발전은 더욱 진화된 '자동화'의 밑거름이 됐다.

## 챗GPT로 시작된 일상의 변화

AI로 사람을 대체하는 가장 대표적인 예시는 민원 대응이다. 기업들은 챗GPT 기반의 챗봇을 도입해 고객 문의를 처리하고 문제를 해결할 수 있다. 예를 들어, 항공사에서는 고객의 예약 변경 요청이나 환불 절차를 챗GPT 기반으로 처리할 수 있다. 심지어 연령, 성별, 지역 등 기업이 쌓아 온 각종 고객 데이터를 활용해 고객이 구매할 것 같은 제품을 추천해 줄 수 있고, 데이터를 바탕으로 더욱 효과적인 재고 관리도 가능하다.

챗GPT는 업무 도구를 넘어서 '놀이터'의 역할도 하고 있다. 창의적인 답변을 제공하고, 텍스트를 이미지로 생성해 줄 수 있기 때문이다.

예를 들어 '우주 탐험을 떠나는 고양이의 모험 이야기를 만들어 줘'라고 질의하면 챗GPT가 알아서 이야기를 만들어 준다. 수 초 만에 만들어진 이야기에 사용자가 추가로 질문하며 세계관을 확장하거나 이야기의 깊이를 더해 갈 수 있다.

상상력이 풍부하지만, 표현력이 부족한 어린이들은 생각만 했던 아이디어를 AI와 함께 풀어 가면서 작문과 상상력 실현의 재미를 경험할 수 있다. 이야기에 딱 맞는 이미지도 생성해 주기에 나만의 동화책을 만들 수 있다.

이러한 챗GPT의 혁신은 경제적인 가치가 매우 높다. 골드만삭스에 따르면 생성형 AI로 2033년까지 전 세계 국내총생산(GDP)이 7조 달러 가까이 증가하고 생산성은 1.5% 높아질 것이라고 예측했다.

챗GPT는 GPT 기술의 혁신적 구조와 학습 방식을 통해 AI의 새로운 표준을 제시했다. 사람과 대화할 수 있는 언어 모델의 등장은 인간과 기계의 경계를 허물었고, 단순한 작업 수행을 넘어 인간과 대화와 협력을 가능하게 했다. 이는 단순한 기술적 진보가 아닌, 인간-기계 관계에 대한 근본적인 변화를 예고했다.

챗GPT를 지켜본 글로벌 빅테크 기업들과 국내 IT 기업들은 너 나 할 것 없이 혁신의 선두 주자가 되기 위해

앞다퉈 경쟁을 시작했다.

### 참고문헌

Reuter(2023). ChatGPT sets record for fastest-growing user base - analyst note
https://www.reuters.com/technology/chatgpt-sets-record-fastest-growing-user-base-analyst-note-2023-02-01/

IBM 블로그. 자연어 처리(NLP)란 무엇인가요?
https://www.ibm.com/kr-ko/topics/natural-language-processing

OpenAI 블로그.
https://openai.com/index/language-unsupervised/

GoldmanSachs(2023). Generative AI could raise global GDP by 7%
https://www.goldmansachs.com/insights/articles/generative-ai-could-raise-global-gdp-by-7-percent.html

## 03

## 생성형 AI의 확산: 전 세계적 AI 모델 개발 경쟁

챗GPT가 전 세계적으로 큰 반향을 일으키자, 구글을 비롯한 여러 기업이 경쟁적으로 대규모 언어 모델을 선보이며 AI 생태계가 급격히 확대됐다. 구글은 '바드'와 '제미나이'로 검색 · 대화형 AI 시장에서 우위를 공고히 하려 했고, 신생 스타트업인 앤트로픽은 '클로드' 시리즈를 출시해 오픈AI나 구글에 맞서며 안정성과 신뢰성을 강조했다.

챗GPT의 혁신이 세상에 충격을 안겨 주자 구글을 필두로 기업들은 그동안 개발해 왔던 인공지능 모델을 공격적으로 선보이며 AI 생태계를 강화했다. AI 모델이 다양해지자 이를 적극적으로 활용하는 기업들이 늘어나면서 AI 서비스도 대폭 증가하며 생성형 AI가 확산되기 시작했다.

## 구글 '바드', '제미나이' 출시로 광폭 행보

구글은 2023년 2월 '바드(Bard)'를 발표하고 한 달 후인 3월 대화형 AI 챗봇 '바드'를 선보였다. 바드는 구글의 라마(LLaMA) 기반 언어 모델에서 발전된 버전을 활용하며 자연어 처리(Natural Language Processing, NLP)를 통해 마치 사람처럼 응답을 생성해 냈다.

바드는 챗GPT처럼 직관적인 인터페이스를 갖췄고, 자연어로 묻고 답할 수 있는 AI 모델로 미국과 영국의 일부 이용자들이 구글 계정으로 로그인하면 활용할 수 있었다.

새로운 AI 모델의 등장에 사람들은 관심을 보였으며 바드는 공개 4개월 만에 월간 활성 사용자(MAU) 3000만 명을 넘어섰다. 바드는 챗GPT처럼 사용자의 질문에 대해 사실적이고 정확하게 답변하면서도 구글의 검색 엔진을 기반으로 최신 뉴스에 대한 정보를 제공한다는 차별점을 갖추고 있었다.

챗GPT는 학습 데이터를 기반으로 대답해 학습 데이터 이후에 추가되거나 변경된 정보는 반영하지 못했다. 바드는 학습 데이터와 함께 인터넷의 정보를 바탕으로 답변해 챗GPT보다 최신의 정보를 전달할 수 있었다. 또 명확하고 간결하게 답변했으며 이전 대화의 맥락을 기억하면서 사용자와 일관된 대화를 나눴다.

바드의 등장은 새로운 검색 시장이 열릴 가능성을 시사했다. AI 모델에 추가 장치를 마련하면 부정확한 정보를 전달하는 한계를 이겨 낼 수 있으며, 최신 정보도 정확히 전달하게 되면 더욱 많은 사람들이 AI 서비스를 활용하게 될 것이라는 관측이 나왔다.

실제로 마이크로소프트(MS) 빙과의 경쟁이 심화했다. MS는 2023년 2월 챗GPT를 빙에 도입했는데, 빙은 오픈AI의 최신 모델 GPT-4를 활용하며 검색 기능을 강화했다. 구글은 이에 대응하며 AI 기반 검색 시장에서의 입지를 강화하려 했다.

구글은 AI의 주도권을 오픈AI에 넘겨주지 않기 위해 더욱 혁신에 속도를 냈다. 구글은 자사 블로그를 통해 2023년 12월 새로운 AI 모델 '제미나이(Gemini)'를 발표하며 바드보다 향상된 추론 능력, 멀티모달 처리 능력, 모델의 다양성 등을 강조했고, 다음 해에 제미나이로 AI 브랜드를 통합했다.

제미나이는 구글과 알파고를 개발한 구글의 딥마인드가 공동으로 개발한 AI 모델로 기존의 텍스트 기반의 대화를 넘어 이미지, 오디오, 비디오 등 다양한 유형의 데이터를 처리할 수 있는 멀티모달 기능을 갖췄다.

멀티모달 기능을 탑재한 제미나이는 다양한 유형의 정보를 일반화하고, 원활하게 이해하며, 여러 정보를 동시에 조합해도 쉽게 이해하는 등 구글이 만들었던 모델 중 가장 유연한 모델이었다.

제미나이는 모델 크기별로 울트라, 프로, 나노 등으로 구분됐고, 사용자가 쓰임새에 따라 골라서 활용할 수 있다. 이 중 제미나이 울트라는 매우 복잡한 작업에 적합한 가장 유용하고 규모가 큰 모델로, 다른 AI 플레이어와 대결 구도를 이뤘다.

## 신생 AI 강자 앤트로픽, 미스트랄AI의 등장

구글, 오픈AI와 MS가 주축이 되어 AI 산업을 활성화하자 AI 신흥 강자들이 두각을 나타내기 시작했다.

앤트로픽(Anthropic)은 2021년 오픈AI의 전직 연구

부문 부사장인 다리오 아모데이(Dario Amodei)와 안전 및 정책 담당 부사장인 다니엘라 아모데이(Daniela Amodei) 남매가 공동 창업한 스타트업으로 신뢰할 수 있고 해석 가능하며 제어 가능한 AI 개발에 주력해 왔다.

오랜 노력 끝에 2024년 3월 LLM '클로드 3'를 출시하며 본격적으로 경쟁에 뛰어들었고 오픈AI의 GPT-4와 구글의 제미나이 울트라를 뛰어넘는 성능을 갖췄다고 주장했다. 클로드 3는 '오푸스(Opus)', '소네트(Sonnet)', '하이쿠(Haiku)' 등 세 가지 버전으로 구성됐고, 이 중 오푸스는 대학교 수준의 지식, 대학원 수준의 추론 능력을 갖췄다. 다른 모델처럼 멀티모달 기능을 지원해 사진, 차트, 문서 등의 비정형 데이터를 분석할 수 있지만, 이미지 생성을 지원하지 않는다는 차별점이 있다.

3개월 뒤인 2024년 6월 출시된 클로드 3.5 소네트는 이전 버전보다 두 배 빠른 속도를 자랑하며, 코딩 및 텍스트 기반 추론에서 뛰어난 성능을 보였다.

클로드는 챗GPT, 제미나이처럼 온라인에서 실시간으로 생성되는 정보를 제공하는 것이 아니라 기존의 학습 데이터만을 활용해 질문에 답했다. AI의 안정성과 신뢰성을 높이기 위한 일환이다.

앤트로픽은 클로드의 성능, 안정성 등을 높이 평가받

았으며 2023년 8월 SKT로부터 1억 달러, 같은 해 10월 구글로부터 최대 20억 달러, 2024년 1월 아마존으로부터 최대 40억 달러를 투자받았다. 이 외에도 많은 기업들로부터 투자를 유치하는 데 성공하며 AI 시장의 핵심 플레이어로 자리 잡았다.

프랑스의 AI 스타트업인 미스트랄AI는 2023년 4월 설립된 곳으로 프랑스의 명문 공과대학인 에콜 폴리테크니크(École Polytechnique) 출신의 아서 멘슈(Arthur Mensch), 기욤 람플레(Guillaume Lample), 티모테 라크루아(Timothée Lacroix)가 공동으로 창업했다.

미스트랄AI는 설립 초기부터 1억500만 유로 규모의 투자를 받으며 주목받았다. 설립 이후 5개월 만인 2023년 9월 회사 이름과 동일한 미스트랄 7B를 출시했으며 같은 해 12월 믹스트랄 8x7B를, 2024년 7월에는 미스트랄 라지 2를 선보였다. 특히, 미스트랄 7B는 70억 개의 매개변수를 학습한 모델임에도 뛰어난 성능을 자랑했다.

미스트랄AI의 모델들은 오픈소스라는 차별점이 있다. 오픈소스는 소프트웨어나 기술의 소스 코드를 공개해 누구나 접근, 수정, 배포할 수 있도록 허용하는 라이선스 모델이나 철학을 의미한다. 폐쇄적이었던 오픈AI,

앤트로픽, 구글과 달리 누구나 자유롭게 모델을 활용할 수 있도록 허용한 것이다. 페이스북과 동일한 행보를 그린 것이다.

## 오픈소스 LLM의 아버지, 메타 '라마'

페이스북의 모회사 메타는 2023년 7월에 라마(LLaMA, Large Language Model Meta AI) 2를 발표하며 AI 모델 개발 경쟁을 본격화했다. 라마 2는 기존 라마의 성능을 개선한 버전으로 대화에 초점을 맞췄다.

메타는 1년 뒤인 2024년 7월 라마 3를 출시했다. 오픈소스 모델은 그동안 챗GPT를 비롯한 언어 모델에 뒤처졌다는 평가를 받아 왔는데, 메타는 라마 3.1 405B를 공개하며 혁신을 촉진하겠다고 밝혔다.

메타는 누구나 개발 가능한 오픈소스 대규모 언어 모델(LLM)을 지향하며 라마를 개발해 왔다. 오픈소스 LLM의 장점은 투명성, 사용자 맞춤화, 비용 효율성, 공동 연구 및 발전 등이다. AI 모델 개발팀 외에도 모델 설계와 작동 방식을 분석할 수 있어 신뢰성을 담보하며 AI를 시스템에 도입하고자 하는 이들은 자신의 환경에 맞게 모델을 수정하거나 추가 학습(파인튜닝)을 통해 커스터마이징할 수 있기 때문이다. 또 완전 초기부터 모델을 개발하지 않아도 돼 시간과 비용을 절약할 수 있으며 규모의 경제에 따라 많은 인원이 몰리면서 기술의 발전 속도가 빨라진다.

메타는 글로벌 빅테크와의 AI 주도권 경쟁 속에서 많은 개발자 풀을 끌어들이며 유리한 입지를 점하기 위해 오픈소스 전략을 선택했다. 또 AI 기술의 민주화를 촉진하고, 더 많은 사용자와 기업이 메타의 기술을 활용할 수 있도록 장려했다.

오픈소스 LLM은 많은 개발자들의 선택을 받고 있다. 이미 개발된 모델을 선택하고 내가 원하는 방식에 맞춰 수정하면 되기 때문이다. 이로 인해 오픈소스 플랫폼 허깅페이스에 등록된 모델 수는 100만 개를 돌파했다. 이는 1년 만에 4배 이상 증가한 것으로 AI 연구와 개발의 급속한 발전을 보여 주는 수치다. 2024년 9월 기준 등록된 AI 모델 중 가장 많은 다운로드 수를 차지한 모델은 매사추세츠공과대학(MIT)의 '오디오 스펙트로그램 트랜스포머(Audio Spectrogram Transformer)'로, 1억 6300만 회의 다운로드를 기록했다.

### 참고문헌

구글 블로그(2023.12.7). 가장 유능하고 범용적인 AI 모델

제미나이(Gemini)를 소개합니다.
https://blog.google/intl/ko-kr/company-news/technology/gemini-kr/
메타 블로그(2024.7.23). 메타의 현존 가장 강력한 AI 모델, Llama 3.1을 소개합니다.
https://about.fb.com/ko/news/2024/07/introducing-llama-3-1-our-most-capable-models-to-date/
아시아경제(2023.7.19). "공짜로 쓰세요"…메타, AI 언어 모델 오픈소스로 내놓은 이유.
https://www.asiae.co.kr/article/2023071915534446204
영남일보(2023.5.12.). 구글, '바드' 전면 오픈…AI 챗봇 경쟁 본격화.
https://www.yeongnam.com/web/view.php?key=20230511010001500
전자신문(2024.3.5). 앤스로픽, AI 챗봇 '클로드3' 출시…"GPT-4보다 강력".
https://www.etnews.com/20240305000186
AI 타임스(2024.9.27). 허깅페이스 "AI 모델 100만개 돌파"...1년 새 4배로 증가.
https://www.aitimes.com/news/articleView.html?idxno=163768
SIMFORM(2023.10.13).
https://www.simform.com/blog/google-bard-vs-chatgpt/

## 04

# 생성형 AI의 확산: AI 검색, 이미지 생성 서비스

오픈AI 챗GPT를 필두로 대형 언어 모델이 다수 등장하며 다양한 서비스들이 급속도로 확산됐다. 스타트업 '퍼플렉서티'는 글로벌 빅테크사인 구글의 대항마로 떠올랐고, AI 서비스는 엔터테인먼트나 교육 등 다양한 분야로 확장되어 갔다.

오픈AI의 챗GPT를 시작으로 구글의 제미나이, 앤트로픽의 클로드 3 등 LLM이 늘어남에 따라 전 세계에서 이를 활용할 방안을 고안했다. 기업들은 LLM을 활용해 이미지 생성 툴과 채팅 서비스를 출시했으며 구글의 강력한 검색 시장 입지를 흔드는 신예도 등장했다.

## 구글 대항마로 떠오른 신생아 퍼플렉서티

구글과 오픈AI는 보유하고 있는 언어 모델의 활용도를 높이기 위해서 온라인의 최신 정보를 실시간으로 전달할 수 있는 방안을 녹여 냈다. 오픈AI는 2023년 3월 플러그인 기능을 베타 버전으로 선보였고, 사용자는 브라우저 플러그인을 통해 실시간 웹 검색을 수행하거나, 외부 앱과 연동하여 데이터를 가져올 수 있었다. 마이크로소프트(MS)는 검색 엔진 '빙'을 고도화하기 위해 챗GPT를 검색에 접목했고, 구글은 보유 중인 강력한 검색 엔진을 바탕으로 실시간 답변을 초기부터 제공했다.

구글은 2024년 5월 '구글 연례 개발자 회의'에서 제미나이를 탑재한 새로운 검색 기능인 AI 오버뷰를 공개했다. 대상국은 영국, 일본, 멕시코, 브라질, 인도, 인도네시아 등이다. AI 오버뷰는 구글 웹사이트에서 검색하면 관련도 높은 링크를 순서대로 제공하던 기존 방식과 달리 제미나이가 요약한 내용을 우선 노출한다.

또 구글은 검색 랩스라는 메뉴를 신설해 AI 오버뷰 저장 기능을 도입하여 사용자가 특정 AI 오버뷰를 저장하고 나중에 참고하거나 다시 볼 수 있도록 했다.

오픈AI는 2024년 10월 31일 웹 검색 기능을 공식적으로 출시하고, 유료 가입자에게 우선 최신 뉴스, 날씨 등 다양한 정보를 실시간으로 제공했다.

AI 강자들이 AI 검색 시장을 선점하기 위한 전략을 추구하는 가운데 구글의 대항마로 퍼플렉서티(perplexity)가 대항마로 급부상했다. 퍼플렉서티는 2022년 8월 오픈AI 출신의 아라빈드 스리니바스(Aravind Srinivas) 최고경영자(CEO) 등이 창업한 회사로, 시장의 몸값이 빠른 속도로 불어났다.

2024년 초만 해도 5억2000만 달러에서 여름에는 30억 달러로 오른 퍼플렉서티의 기업 가치는 11월 90억 달러를 기록하며 연초 대비 17배 증가하는 기염을 토했다.

퍼플렉서티가 인기를 끌게 된 건 검색 정보에 대한 출처를 남기기 때문이다. 웹 검색 기능을 탑재하기 전까지만 해도 부정확한 정보를 마치 사실인 것처럼 대답하는 챗GPT의 '할루시네이션' 현상의 진통을 겪은 이들은 AI 답변의 출처를 찾기 시작했다.

이런 가운데 퍼플렉서티는 답변마다 출처를 남기며 답변의 신뢰성을 담보해 이용자가 큰 폭으로 늘어났다. 퍼플렉서티는 전 세계 50여 개국에 서비스를 실시하고 있으며 매달 2억3000만 개 이상의 검색 요청을 처리하고 있다.

퍼플렉서티는 챗GPT, 제미나이 같은 식의 AI 모델이 아니라 검색에 최적화된 서비스다. 독자적인 언어 모델을 개발하는 대신 GPT-4, 클로드 3, 미스트랄 AI 등 기존의 LLM을 활용하는 방법을 택했다. 자연어 답변은 외부 언어 모델을 활용하되 검색을 차별점으로 삼았다. 그 결과 기존의 대화형 AI 챗봇보다 더욱 빠른 응답 속도를 보였다.

이 검색 서비스의 가장 큰 장점은 '포커스(Focus)' 기능이다. 포커스는 특정 출처를 지정해 정보를 검색할 수 있는 기능으로 전문적인 정보를 찾을 때 유용하며 신뢰성과 다양성을 동시에 확보할 수 있다.

퍼플렉서티에서는 웹(Web), 논문(Academic), 수학(Math), 글쓰기(Writing), 비디오(Video), 소셜(Social) 등 사용자가 원하는 항목에 맞춰 정보를 검색할 수 있다. 이로 인해 검색에 필요한 시간과 노력이 감소하게 됐다. 이 외에도 '디스커버(Discover)' 섹션을 운영해 네이버와 같은 기존 포털처럼 게재된 게시물을 보며 정보를 획득할 수도 있다.

이처럼 AI가 검색 시장을 장악하며 국내 검색 시장 판도를 뒤바꿨다. 2024년 11월 18일 정보통신기획평가원이 발간한 ≪ICT Brief≫ 39호에 따르면 올해 1~10월 국내 검색 시장 점유율은 1위 네이버 57.32%, 2위 구글이 33.9% 순이다. 9년 전과 비교하면 네이버의 점유율은 78.06%에서 20.74%p 감소한 것이다. MS가 챗GPT를 도입한 '뉴빙'은 2023년 12월 검색 점유율 10.53%를 기록하며 처음으로 10%를 돌파했다.

## 캐릭터.AI, 최애 캐릭터와 대화하는 경험

챗GPT와 함께 AI 시대의 문을 연 AI 강자가 존재한다. 바로 캐릭터.AI다. 캐릭터.AI는 구글 출신의 노암 샤저(Noam Shazeer)와 다니엘 데 프레이타스(Daniel de Freitas)가 2021년 공동 설립한 기업으로 2022년 9월 동명의 AI 챗봇의 베타 버전을 출시했다.

캐릭터.AI는 2024년 기준으로 2000만 명의 이용자가 접속하는 플랫폼으로 자리 잡았으며 구글 플레이스토어에서 누적 다운로드 1000만 회를 돌파했다. 연간 예상 수익은 1670만 달러, 직원 1인당 수익은 13만9000달러로 추정된다.

캐릭터.AI가 많은 이용자를 끌어모은 이유는 내가 좋아하는 캐릭터와 실제로 교감하는 듯한 경험을 제공한다는 차별점이 있기 때문이다. 인기 있는 일본의 애니메이션인 〈원피스〉, 〈주술회전〉, 〈스파이패밀리〉 등에 등장하는 캐릭터 챗봇과 버락 오바마, 일론 머스크 등 실존 인물과 클레오파트라 등 역사적인 인물의 챗봇이 존재한다. 더불어 영화, 드라마, 게임 등 각종 콘텐츠 등장인물과도 소통할 수 있다.

예를 들어 캐릭터.AI에 있는 '일론 머스크' 챗봇을 실행하고 '트위터를 산 이유'를 물으면 "플랫폼 퀄리티를 개선하기 위해서"라는 답을 내놨다. 인수 후에 어떤 노력을 했냐고 추가로 묻자 "개선 조치는 AI를 활용한 콘텐츠 모니터링, 알고리즘 개선, 유형 선호도 분석, 보안 강화, UI 개선"이라고 했다.

캐릭터.AI는 꾸준히 서비스를 업데이트하며 사용성을 강화했다. 심리 상담 및 외국어 학습, 스토리텔링 게임, 음성 채팅 기능 등을 추가했다. 특히, 음성 채팅 기능 도입을 통해 사용자들이 AI와 전화로 소통하는 분위기를 조성하여 보다 자연스럽고 몰입감 있는 대화 경험을 제공했다. 이에 더해 만약 마음에 드는 캐릭터가 없다면 직접 캐릭터를 만들 수 있도록 '캐릭터 만들기' 기능도 갖췄다.

매우 직관적인 인터페이스도 많은 사람을 유입하는 데 긍정적이었다. 상단부터 맞춤 추천과 새로운 언어 연습, 인터뷰 연습, 아이디어 브레인스토밍, 책 추천, 여행 계획, 스토리 쓰기, 게임 플레이 등 여덟 가지 테마의 챗봇을 추천해 줬고, 사용자가 많은 챗봇을 보여 줬다.

## 원하는 이미지를 문장으로 입력해도 AI가 척척

AI 모델들은 텍스트만 입력해도 알아서 이미지를 생성해 주고 있다. 이 혁신의 시발점도 오픈AI다. 오픈AI는 2021년 1월 '달리(DALL · E)'를 출시했다. 달리는 스페인 초현실주의 화가 살바도르 달리(Salvador Dalí)와 디즈니 애니메이션 영화 〈월-E(Wall-E)〉를 결합한 이름으로 사용자가 입력한 텍스트 프롬프트를 바탕으로 다양한 이미지를 생성할 수 있는 능력을 갖고 있다. 현재 예술, 디자인, 콘텐츠 제작 등 다양한 분야에서 활용되고 있다.

오픈AI는 2021년 1월 달리 출시 이후 2022년 4월 달리 2, 2023년 7월 달리 3를 선보였고, 버전이 올라갈수록 이미지 생성의 품질과 다양성이 한층 향상됐다. 달리3는 더욱 정교한 이미지 생성을 지원하며, 사용자들이 보다 창의적인 작업을 할 수 있도록 돕고 있다.

달리는 사용자가 특정 이미지를 업로드하거나 다양한 스타일을 요청하면 요구에 맞춰 변형된 이미지를 생성해 준다. 특히, 이 도구는 챗GPT와 MS 빙의 사용자가 프롬프트에 텍스트를 입력하면 이미지를 생성해 주어 누구나 손쉽게 활용 가능하다.

달리 출시 이후 이미지 생성 도구들이 시장에 등장하기 시작했다. 2022년 7월 출시된 또 다른 이미지 생성 도구인 미드저니(Midjourney)는 사용자가 입력한 텍스트 프롬프트를 바탕으로 다양한 이미지를 생성하는 플랫폼이다. 포토리얼리즘, 판타지, 애니메이션 등 다양한 스타일의 이미지를 지원하여 사용자가 원하는 특정 비주얼을 생성할 수 있다.

미드저니는 주로 디스코드(Discord)를 통해 운영되어 사용자가 디스코드 계정을 만들고 서버에 가입하면 손쉽게 접근할 수 있으며 예술가와 디자이너들 사이에서 인기를 끌고 있다.

### 참고문헌

디지털타임스(2024.5.21). [김영욱의 AI 그까이꺼] "이런 것도 대답해줘?"… 게임속 캐릭터와 대화해봐.
https://www.dt.co.kr/contents.html?article_no=2024052002109931065005

디지털타임스(2024.8.26). [김영욱의 AI 그까이꺼] 불확실한 AI 환각 줄였다… 정확하고 빠른 '퍼플렉시티'.
https://www.dt.co.kr/contents.html?article_no=2024082702100931065001

디지털타임스(2024.11.6). AI 열기 여전하네…'구글 대항마' 퍼플렉시티, 기업 가치 17배 급증.
https://www.dt.co.kr/contents.html?article_no=2024110602109931029008

오픈AI 블로그. https://openai.com/index/dall-e-3/

정보통신기획평가원(2024). ≪ICT Brief≫, 39호.

FlashGet. Midjourney를 사용하여 AI 이미지를 만드는 방법: 세부 사항 가이드 및 팁.
https://parental-control.flashget.com/ko/how-to-use-midjourney

SKT 뉴스룸. SKT 고객이라면 퍼플렉시티 프로(Perplexity Pro) 100% 활용하기. https://news.sktelecom.com/208055

# 05
# 한국의 AI

챗GPT 등장 이후 네이버 · 카카오 등
빅테크부터 통신
3사(SK텔레콤 · KT · LG유플러스)까지
다양한 기업들이 경쟁적으로 한국형 AI 모델에
도전했다. 한국은 정부 차원의 인프라 확충과
재정 지원 등을 강조하며 '글로벌 톱 3' AI 강국
도약을 목표로 하고 있다.

챗GPT가 출시된 이후 전 세계의 어젠다는 초거대 AI를 만들어 낼 수 있느냐였다. 혁신에 민감한 우리나라는 글로벌 AI 시장에서 두각을 나타내기 위해 발 빠른 속도로 대처하기 시작했다. 네이버, SKT 등 AI에 지속적으로 투자해 왔던 기업들이 즉각적으로 대응하기 시작했으며 국내 기업들은 2023년 초부터 대규모 언어 모델(LLM)을 속도감 있게 선보였다.

한국IDC가 2023년 발간한 『국내 인공지능 분석 시장 전망, 2023-2027』 연구 보고서에 따르면 국내 인공지능 시장은 2023년 전년 대비 17.2% 성장한 2조6123억 원의 매출 규모를 형성하고, 향후 5년간 연평균 성장률 14.9%를 기록하여 2027년까지 4조4636억 원 규모에 이를 것이라고 전망됐다.

## 글로벌 AI 톱 3 외치는 한국

한국은 '글로벌 톱(TOP) 3'를 지향하며 AI 개발에 속도를 냈다. 네이버, 카카오 등 국내 빅테크 기업과 함께 삼성전자, LG전자, SK텔레콤, KT 등 주요 대기업이 생성형 AI 시장에 뛰어들고 투자를 진행했다. 2023년 6월에는 네이버클라우드와 LG AI연구원을 중심으로 국내 대·중소 105개 기업이 회원사로 참여하는 초거대AI추진협의회도 발족했다.

한국은 차근차근 글로벌 시장에서 입지를 다져 나갔다. 영국 데이터 분석 업체 토터스인텔리전스가 공개한 '2024년 글로벌 AI 지수'에 따르면 한국은 종합점수 27.26점을 받아 전 세계 6위를 기록했다. 한국은 과거 글로벌 AI 지수에서 2020년 8위, 2021년과 2022년 7위, 2023년 6위를 기록했다.

글로벌 AI 지수는 평가 국가 수를 2023년 62개국에서 2024년 83개국으로 늘렸다. 또 새로운 지표와 개선된 데이터를 구현, 혁신, 투자로 구분해 평가했다. 평가 기준에는 인재, 인프라, 운영 환경, 연구 개발, 상업 생태계, 정부 전략 등이 포함됐다.

한국의 종합 순위는 2023년과 동일했지만, 항목별로는 정부 전략은 6위에서 4위, 인재는 12위에서 10위 등으로 순위가 상승했다.

한국 정부는 톱 3로 도약하겠다고 공약을 내세운 만큼 범국가적인 역량을 총동원하겠다고 밝혔다. AI 인프라 확충을 전폭적으로 지원하기 위해 2025년 1조8000억 원의 예산을 투입하는 등 재정 지원을 확대한다. 신경망 처리 장치(NPU) 기술 개발, 국가AI컴퓨팅센터 구축 등 인프라를 확충하고, 총 65조 원의 민간 투자가 적기에 이행

될 수 있도록 정책 펀드를 조성하겠다는 방침이다.

한국은 챗GPT가 등장한 이후 미국과 중국 다음의 입지를 차지하겠다고 수차례 강조해 왔지만, AI 경쟁력을 갖추기 위해서는 막대한 비용이 필요하다는 현실적인 문제에 가로막혔고 자본력이 충분한 미국과 중국은 AI 시장에서 치고 나갔다.

이런 가운데 국내 기업과 연구진은 LLM을 개발함과 동시에 글로벌 유수 모델과의 차별점을 무엇으로 둘 것인지 고민했다.

## 한국어, 한국 문화 특화된 K-LLM

오픈AI, 구글, 메타 등 글로벌 빅테크가 출시한 LLM이 전 세계적으로 인기를 끌었지만, 한국적 특수성을 충분히 반영하지 못했다. AI 모델은 학습 데이터에 따라 문화적 이해도가 결정되는데, 글로벌 AI 모델은 한국의 역사, 전통, 사회적 관습 등 특정 문화적 맥락이 포함된 데이터를 충분히 학습하지 못했다.

예를 들어 한국의 관광 명소 추천 등 한국 관련 질문을 하면 글로벌 모델들은 부정확한 정보를 전달하기도 했다.

이런 가운데 네이버는 2023년 8월 한국어와 한국 문화에 최적화된 '하이퍼클로바X'를 공개했다. 글로벌 LLM보다 6500배 많은 순수 한국 데이터를 학습했고, 다양한 국가의 서비스와 연동이 가능하도록 영어, 일본어, 중국어 등 언어도 유창하게 구사했다.

이와 함께 '하이퍼클로바X' 기반의 서비스 3종도 소개했다. '클로바X'는 한국의 문화와 언어를 깊이 이해하는 대화형 인공지능 서비스로, 문서 요약, 외국어 번역, 창의적인 글쓰기 지원 등 다양한 기능을 제공했다.

'클로바 포 라이팅(CLOVA for Writing)'은 네이버 블로그에서 활용할 수 있는 AI 글쓰기 도구로 사용자의 글쓰기 스타일을 분석하여 초안을 작성해 주는 기능을 제공했다. 또 '프로젝트 커넥트 X(PROJECT CONNECT X)'는 기업의 생산성을 높이는 플랫폼으로 업무 정리, 회의 일정 관리, 기획서나 코드 초안 작성 등을 지원했다.

기존의 검색 경험도 개편했다. AI 검색 시장이 떠오르는 가운데 네이버는 AI 기반 대화형 검색 서비스 '큐:(Cue:)'를 베타 버전으로 선보였다.

'큐:'는 네이버의 검색, 뉴스, 쇼핑, 플레이스 등 다양한 서비스와 연동하여 사용자에게 통합된 정보를 전달했고, 답변과 함께 관련 출처를 제공하여 정보의 신뢰성을 높였다. 이를 통해 AI로 정보를 검색할 때 실시간 정보를 획득하고자 하는 사용자의 니즈를 충족했다.

속도감 있게 AI 모델과 서비스를 선보인 네이버는 더욱 강력한 생태계를 구축하기 위해 공격적으로 움직이고 있다. 네이버는 2024년 8월 '단 24(Dan 24)'에서 네이버쇼핑을 AI로 강화한 '네이버플러스 스토어'를 2025년 상반기에 출시하겠다고 밝혔다.

카카오도 '카나나'를 공개했다. '카나나'는 언어 모델(LLM), 멀티모달 언어 모델(MLLM), 비주얼 생성 모델, 음성 모델 등으로 구성된 카카오의 통합 AI 모델이다. 특히 언어 모델은 모델 크기에 따라 '카나나 나노', '카나나 에센스', '카나나 플래그'로 분류된다.

카카오는 이러한 '카나나' 모델을 카카오톡의 AI 대화 요약, 톡채널 AI 매니저 등 다양한 서비스에 적용할 계획이다. 또 카나나를 카카오톡과는 별개의 앱으로 출시할 방침이다.

## 통신 3사, AI 기업으로 전환 도전

국내 통신사도 분주하게 움직이고 있다. SK텔레콤, KT, LG유플러스 모두 미래 먹거리로 AI를 내걸고 AI 기업으로 전환하겠다는 슬로건을 내걸었다. SKT는 2018년부터 AI 언어 모델을 개발해 왔다. 코버트(KoBERT)를

2019년 10월 고객센터 챗봇과 법무/특허 AI 검색 등에 적용했고, 2020년 코바트(KoBART)를 공개했다.

꾸준히 결과물을 낸 SKT는 2022년 AI 컴퍼니로 도약을 선언했고, 2024년에는 신성장 사업 모델을 AI 중심으로 전환하며 글로벌 AI 컴퍼니가 되겠다는 포부를 밝혔다. 그리고 자체적으로 AI 모델을 개발함과 동시에 새로운 AI 서비스를 꾸준히 출시했다.

SKT는 2023년 6월 대한민국 대표 스타트업과 함께 'K-AI 얼라이언스'를 맺고 한국의 AI 생태계를 강화하겠다고 선언한 데 이어 7월 도이치텔레콤, e&, 싱텔 등과 함께 '글로벌 텔코 얼라이언스'를 구축하고 통신에 특화된 텔코 LLM을 개발하겠다고 밝혔다.

이후 모바일월드콩그레스(MWC) 24에서 각국의 통신 서비스에 AI를 적용하는 것을 목표로 하고, 합작법인을 설립한다고 했다. SKT는 MWC 행사장에서 텔코 LLM을 기반으로 한 스팸 · 스미싱 필터링 시스템 등을 선보였다.

KT는 2023년 10월 자체 개발한 LLM '믿음'을 공개했다. 기업 고객을 대상으로 하며 '팩트가드 AI' 기술을 적용하여 AI의 환각 현상을 일반 생성형 AI 서비스 대비 최대 70%까지 줄였고, '믿음 스튜디오'를 통해 기업은 파운

데이션 모델을 선택하고, 손쉽게 학습, 서빙, 배포할 수 있도록 했다.

2024년에는 마이크로소프트(MS)와 협력을 발표했다. KT는 MS와 5년간 파트너십 계약을 체결하고 AI · 클라우드 · IT 분야 경쟁력을 강화하겠다고 했다. 약 2조4000억 원을 공동으로 투자하며 인공지능 전환(AX) 전문 기업을 자회사로 설립, AI 이노베이션 센터를 세운다. AX 전문 기업은 2025년 1분기 출범한다.

양사의 목표는 단순 언어뿐 아니라 데이터와 법, 규제, 문화를 우리나라에 맞게 최적화해 국내 시장에서 한국형 AI 활용 저변을 확대하겠다는 것이다. KT 서비스에는 MS의 대화형 AI '코파일럿'도 도입한다.

LG유플러스도 자체 모델을 공개했다. LG AI 연구원이 개발한 엑사원을 기반으로 통신 및 플랫폼 데이터를 학습시킨 소형 언어 모델 '익시젠(ixi-GEN)'이다. 익시젠은 생성형 AI 모델로, 인간처럼 사고하고 판단하여 자연스러운 대화가 가능하다. 2024년 중 8개의 서비스에 우선 적용하고, 향후 B2B 시장 공략을 본격 추진하며 자체 통합 AI 플랫폼 '익시 솔루션'을 구축하여 다양한 산업 영역에 고도화된 서비스를 제공할 계획이다.

이 외에도 엔씨소프트는 '바르코', 코난테크놀로지는

코난 LLM, 삼성전자는 가우스 시리즈 등을 공개했다. 이 같은 한국 기업과 연구소의 노력으로 국산 AI 모델 11개가 출시되면서 미국 64개, 중국 42개에 이어 3위를 기록하고 있다.

## 참고문헌


네이버 하이퍼클로바X 공식사이트. https://clova.ai/hyperclova

네이버클라우드 공식 블로그(2023.8.24.). 하이퍼클로바X 출시 발표 요약집. https://m.blog.naver.com/n_cloudplatform/223192160315

디지털타임스(2024.10.10). MS와 5년간 2.4조 투자… 공동 AI 이노베이션 센터 세운다. https://www.dt.co.kr/contents.html?article_no=2024101002109931029006

아주경제(2024.9.24). [뒷걸음질 치는 韓 AI] 역량은 'A', 환경은 '아이' 수준. https://www.ajunews.com/view/20240924151149685

연합뉴스(2024.11.6). 정부, 내년 AI 예산 1조8천억원 투입…"3대 강국 도약". https://www.yna.co.kr/view/AKR20241106043600002

전자신문(2024.9.1). 한국 인공지능 모델 11개…미국·중국 이어 3위. https://www.etnews.com/20240830000199

조선비즈(2023.6.30). 韓, AI 경쟁력 세계 6위… "알고리즘 기술·정부정책 높은 평가". https://biz.chosun.com/it-science/ict/2023/06/30/BBMWFIHYLNH53KDH4JHSYJRG4Q/

지디넷코리아(2024.10.22). 카카오, 통합 AI 브랜드 '카나나' 공개…"개인 감정·맥락까지 고려". https://zdnet.co.kr/view/?no=20241022094459

IT월드(2023.4.27). "국내 AI 시장 연평균 성장률 14.9%… 2027년까지 4조4636억 원 규모 전망" 한국IDC. https://www.itworld.co.kr/news/288691

SKT 뉴스룸(2023.7.27). 아시아-유럽-중동 잇는 '글로벌 통신사 AI 연합' 출범 "AI 동맹으로 규모의 경제와 혁신의 새로운 기회 창출할 것". https://news.sktelecom.com/197009

06

# '빅'보단 '스몰', AI 트렌드의 전환

AI의 급격한 발전으로 대규모 데이터와 고성능 컴퓨팅 자원 수요가 폭증하면서, 데이터 센터 전력 소모와 환경 문제(탄소 배출, 재생에너지 사용 목표와의 충돌)가 부각되고 있다.
기업들은 막대한 투자 비용과 명확지 않은 수익 모델 문제에 봉착하여, 거대 모델만을 고집하기보다 효율성을 중시하는 소형 언어 모델과 특정 산업 · 도메인에 최적화된 버티컬 AI, 국가 주권을 반영한 소버린 AI 등으로 전략을 다양화하는 추세다.

오픈AI가 2022년 11월 챗GPT를 공개한 이후 전 세계가 더욱 많은 학습 데이터를 모으는 데 주력했고, 범용적으로 활용할 수 있는 AI 모델을 개발하는 것을 목표로 달려갔다.

전 세계적인 AI 개발 경쟁이 본격화하면서 AI 시대에 들어섰는데, AI 시스템은 학습과 추론 시 대규모 데이터 처리와 고성능 컴퓨팅 능력이 요구된다. AI의 확대는 일상생활과 업무의 혁신을 가져오는 한편, 데이터 센터의 전력 소모 증가로 이어지고, 전 세계적인 환경 어젠다인 RE200과 상충할 수 있다는 우려가 존재했다. RE200은 기업이 사용하는 전력의 100%를 재생에너지로 전환하자는 글로벌 이니셔티브인 RE100의 확장 개념으로, 기업이나 기관이 직접 사용하는 에너지를 전환하는 것을 넘어 100%를 추가적으로 생산하거나 지원하는 것을 의미한다. 엄청난 전력을 소비하는 LLM 개발은 RE200 달성이라는 이상적인 에너지 목표를 실현하는 데 어렵게 하는 요인이 됐다.

미국 스탠퍼드대학교에 따르면 챗GPT는 약 1287MWh의 전력을 필요로 했다. 이를 태양광 발전소로 환산하면 축구장 1.5개 넓이 발전소가 1300개에서 생산하는 전력량과 맞먹는다.

AI가 전력 소모 급증으로 이어지게 되는 건 막대한 인프라를 요구하기 때문이다. 대규모 데이터를 처리할 수 있는 그래픽 처리 장치(GPU), 신경망 처리 장치(NPU)는 데이터 처리 과정에서 열을 방출한다. 이 열을 식히지 않으면 장비가 과열되며 성능 저하, 고장, 데이터 손실 등으로 이어지게 된다. 더 나아가 데이터 센터의 가동이 중단될 수 있는데 데이터 센터의 중단은 막대한 경제적 손실과 사회적 혼란을 초래할 수 있다. 또 화재, 인명 피해, 온실가스 증가 등도 발생 가능하다.

즉, 사회적 문제를 일으키지 않고, 정상적인 범주 내에서 AI를 학습시키려면 데이터 센터의 발열을 제어해야 하는데, AI는 최고 사양의 하드웨어를 요구하는 만큼 발열 제어에도 많은 전력이 필요하다. 이로 인해 AI의 발전이 전력 소비의 급증을 유발한다는 전망이 쏟아지고 있다.

국제에너지기구(IEA)에 따르면 지난 2022년 전 세계 데이터 센터의 전력 소비량은 약 460테라와트시(TWh)다. 이는 전 세계 전력 소비량의 2% 수준이다. 2026년에는 데이터 센터의 전력 소비량이 일본의 연간 전력 소비량과 맞먹는 1000TWh까지 증가할 것이라는 전망이 꾸준히 제기됐다.

환경 문제와 함께 투자 비용도 기업의 부담으로 다가왔다. AI가 세계적인 트렌드라 좇아가지 않으면 기업 지속성에 의문이 제기됐고, 명확하지 않은 수익 모델과 막대한 시작 비용은 AI 사업의 진입 장벽이었다.

이에 2023년 상반기까지 더 많은 학습 데이터, 더 큰 대규모 언어 모델(LLM)을 지향하던 AI 플레이어들은 막대한 투자 비용 대비 효용성이 없다는 현실적인 벽에 부딪히게 됐고, LLM의 활용 방법론을 논의하면서 소형 언어 모델(sLM, Small Language Model)과 버티컬 AI가 떠오르기 시작했다.

## 작은 고추가 맵다

sLM과 sLLM은 비슷하면서도 다른 개념이다. sLM은 처음부터 작게 만들어진 모델이고, sLLM은 LLM 모델을 경량화한 모델로 LLM의 주요 기능을 갖추고 sLM보다 우수한 성능을 자랑한다.

두 모델은 컴퓨팅 자원이 제한된 환경에서도 효율적으로 작동하도록 설계됐는데, sLLM은 경량화된 설계와 최적화 기술을 통해 LLM의 주요 성능을 유지하면서도 실행 속도와 자원 효율성을 높이는 데 초점을 뒀다.

sLM은 LLM이 확산되면서 제기된 한계를 극복하기 위해 탄생했다. LLM은 압도적인 성능을 보유했지만, 학습과 실행에 막대한 계산 자원이 필요하고 모델 고도화와 운영 등에서 탄소 배출 및 전력 소비가 기하급수적으로 증가했다. 더욱이 사업적인 측면에서 LLM은 막대한 투자 비용으로 인해 기업에 와닿지 못했지만, sLM은 많은 관심을 받고 있다.

sLM의 가장 큰 특징은 콤팩트한 크기, 빠른 실행, 저비용, 태스크 특화, 지속 가능성 등 다섯 가지다.

일반적으로 LLM보다 훨씬 적은 수백만~수십억 개의 매개변수를 필요로 하고 모델 크기가 작다. 경량화로 인해 추론 속도가 빠르고, 저사양 기기에서도 실행할 수 있으며 작은 크기로 인해 학습과 실행에 필요한 비용(전력, 서버 자원 등)이 대폭 줄어든다. 이로 인해 에너지 소비를 최소화할 수 있어 환경적으로도 이롭다. 또 특정 업무에 맞게 설계할 수 있다.

sLM의 등장은 비용의 문제로 AI 도입을 꺼렸던 기업에 대안으로 자리 잡았다. 운영에 필요한 컴퓨팅 자원과 에너지 소비량이 훨씬 적어 효율성이 뛰어나고, 빠른 응답 속도를 갖춰 챗봇, 검색, 음성 인식 등 실시간 서비스에 유용하기 때문이다. 훈련 데이터가 적어 빠른 속도로 AI를 결합한 서비스를 출시할 수도 있게 됐다.

sLM과 sLLM 모두 활용 가능한 기기의 폭이 넓다는 장점이 있다. 일반인들이 AI를 실감하기 위해서는 모바일과 사물인터넷(IoT) 기기에서의 경험이 필수인데, LLM은 많은 컴퓨팅 자원을 요구해 모바일과 IoT에 탑재하지 못한다는 제약이 있다.

소형 모델들은 상대적으로 크기가 작아 저사양 하드웨어에서도 실행 가능해 기기 성능의 한계를 넘어 많은 사람들에게 혁신적인 서비스를 제공할 수 있다. 특히, sLM의 등장은 온디바이스의 시발점이 됐다.

또 오픈AI, 구글 등이 기존 모델을 경량화한 sLLM을 발 빠르게 시장에 공급했고, 프랑스의 AI 스타트업 미스트랄AI는 설립 5개월 만에 미스트랄 7B를 출시했다. 미스트랄AI는 적은 매개변수를 학습했음에도 챗GPT보다 뛰어난 성능을 갖추고 있다고 주장했다.

sLLM에 대한 관심 증가는 상대적으로 작은 크기의 모델을 만들어 왔던 오픈소스 LLM 개발사의 경쟁력도 한층 높이는 계기가 됐으며 도전적인 개발자들이 참여하며 AI 생태계 참여자가 다양해졌다.

## 하나만 추구하는 버티컬 AI

버티컬 AI(Vertical AI)는 특정 산업, 분야, 혹은 태스크에 맞춤화된 인공지능 시스템을 의미한다. 범용적인 모델들과 달리 특정 도메인의 니즈를 충족하기 위해 설계된 것이다. 헬스 케어, 금융, 농업, 교육 등 깊이 있는 이해도가 필요한 특정 산업에 특화된 설루션(solution)을 제공하는 것이 핵심이다.

오픈AI의 GPT 등 일반 AI 모델은 다방면에서 사용 가능하지만, 세부적인 도메인 요구 사항을 충족하지 못하는 경우가 많다. 특히, 의료, 법률, 금융 등 전문 분야는 각기 고유의 복잡한 규제와 데이터를 포함하고 있어 일반 모델로는 복잡성을 해결하기 어렵다.

AI 혁신을 내세우는 기업들은 본인들의 산업군에 적용할 수 있는 특정 영역에 특화된 AI 도구를 찾았고, 이 수요는 버티컬 AI 개발을 촉진했다.

버티컬 AI의 가장 큰 특징은 도메인 특화, 맞춤형 설계, 고도화된 데이터 활용, 현장 적용성 등이다. 특정 산업에 특화된 데이터와 알고리즘을 사용해 해당 분야의 규제, 용어, 요구 사항을 반영한다. 이 AI는 설계된 대로만 임무를 수행하기에 설계 과정에서 학습하지 않은 영역에서는 활용이 불가능하다.

이에 높은 효율성, 비용 절감, 전문성 강화, 빠른 투자 대비 수익률(Return on Investment, ROI) 등의 장점을 갖추고 있다. 특정 산업군에 맞춰져 효율성과 성능을 극대화했고, 초기 투자 대비 빠른 결과 도출이 가능하다.

한국지능정보사회진흥원(NIA)이 최근 발간한 『버티컬 AI로의 변화 및 과제』 보고서에 따르면, 금융, 법률 등 글로벌 버티컬 AI 시장은 2032년까지 연평균 27% 성장할 전망이다.

버티컬 AI는 미래와 한계가 명확하다. 특정 산업의 디지털 혁신을 가속화하고, 맞춤형 설루션을 통해 생산성과 효율성을 높이는 데 중심 역할을 하는 한편, 법을 위반하는 문제를 일으킬 수 있다. 또 도메인에 특화된 AI로 개발 과정에서 고품질의 데이터가 필요하며 데이터 확보와 처리에 많은 비용과 시간이 소요될 수 있다.

## 나라의 문화, 언어에 특화된 소버린 AI

국가를 위한 AI도 등장하기 시작했다. 글로벌 기업들이 AI 모델을 학습시킬 때 영어권 문화의 데이터를 주로 활용하는데 이 AI를 활용하다 보면 국가의 정체성이 흔들릴 수 있다는 우려가 있기 때문이다.

이 문제를 해결하기 위한 방안으로 소버린 AI(Sovereign AI)가 대두됐다. 소버린 AI는 국가나 조직이 자국의 인프라, 데이터, 인력, 비즈니스 네트워크를 활용하여 독립적으로 인공지능을 구축하고 운영하는 능력을 의미한다. 외부의 영향 없이 자국의 문화, 언어, 가치관을 반영한 AI 시스템을 개발하고자 하는 노력의 일환이다. 프랑스의 미스트랄과 한국의 네이버가 대표적인 소버린 AI다.

소버린 AI는 데이터 센터, 클라우드 플랫폼, 고성능 컴퓨팅 자원 등 물리적 인프라를 자국 내에서 관리하고 운영하여 외부 의존도를 낮추고, 자국의 데이터를 활용해 AI 모델을 학습시켜 데이터 통제권도 확보한다.

국내 AI 기업들은 동남아 지역의 소버린 AI 전략을 적극 추진하고 있다. 각 국가의 문화와 언어에 최적화된 AI 모델을 개발하여 현지화한 서비스를 제공하며 AI 시장 주도권을 사수하기 위함이다.

먼저 네이버는 인도네시아, 태국, 필리핀 등 동남아시아 국가들과 파트너십을 논의하고 있으며 KT는 2023년 10월 태국의 IT 기업 자스민그룹과 협력하여 태국어 전용 LLM을 구축하고 있다. AI 스타트업 업스테이지는 태국어 LLM의 상용화를 목표로 태국 자스민그룹 계열사인 자스민테크놀로지설루션(JTS)과 협력 중이다.

## 참고문헌

블로터(2024.11.26). 네이버 하정우 "중동·아시아에 '소버린 AI' 수출해야 새 기회 생겨"[AI 클라우드 퓨처 서밋]. https://www.bloter.net/news/articleView.html?idxno=627008

삼일PwC경영연구원(2024). AI는 전기를 먹고 자란다. PWC. https://www.pwc.com/kr/ko/insights/issue-brief/causes-and-implication-in-electricity-power-ai-age.html

애플경제(2024.9.24). 실속있는 '버티컬 AI', "특화된 데이터셋이 관건". https://www.apple-economy.com/news/articleView.html?idxno=74289

조선비즈(2024.2.14). AI 붐에 늘어나는 전력량… 재생에너지 역할 커진다. https://biz.chosun.com/industry/company/2024/02/14/XULB7X3UFFC7HO7J55GAMC5RDI/

NIA(2024). 『[AI@Data Report 2024-3호] 버티컬 AI로의 변화 및 과제』. NIA.

## 07
## 오픈AI의 혁신, GPT스토어

챗GPT가 널리 보급된 뒤, 기업과 개인이 '기존 AI 모델을 적극 활용해 다양한 서비스'를 출시하는 흐름이 가속화되었다. 오픈AI는 GPT스토어라는 'AI 앱 마켓'을 오픈해 누구나 직접 챗봇(마이GPT)을 만들어 공유할 수 있도록 했고, 이에 기업과 개인 모두가 AI 생태계에 쉽게 참여하여 AI 서비스를 확산시켰다.

LLM이 출시되고 AI 챗봇과 상호작용하는 것이 일상화됐지만, 경험이 확장되는 데 한계가 있었다. AI가 내가 요구하는 것을 대답해 주고 이미지도 인식하는 건 알겠는데 1년간의 반복은 사람들을 물리게 만들었다.

특히, AI 서비스가 쏟아지면서 AI 챗봇보다는 새로운 서비스들이 주목을 많이 받았다. 예를 들어 음악을 작곡하고 사진을 입력하면 영상으로 제공하는 각종 서비스가 주목받기 시작했다. 대화를 주고받는 것은 동일했지만, 결과물이 신선했기 때문이다.

이런 가운데 오픈AI는 구글과 애플처럼 '애플리케이션 스토어'를 선보였다. 챗GPT 기반의 모든 챗봇을 한곳에서 찾을 수 있도록 한 것이다.

## GPT스토어, 내가 원하는 챗봇 직접 개발

오픈AI는 2024년 1월 GPT 스토어를 출시했다. GPT 스토어는 챗GPT를 기반으로 만들어진 챗봇을 한눈에 확인할 수 있는 디지털 마켓플레이스로, 모바일 산업의 비약적인 발전을 일군 구글 플레이스토어, 애플 앱스토어와 유사하다. 개인과 기업이 자체 제작한 AI 에이전트를 공유하고 활용할 수 있는 플랫폼이다.

출시 초기에는 챗GPT 유료 가입자에 한해서만 개방

됐다. 유료 가입자들은 GPT스토어에서 ▲달리(DALL-E) ▲글쓰기 ▲생산성 ▲연구·분석 ▲프로그래밍 ▲교육 ▲라이프스타일 등 카테고리별로 분류된 챗봇들을 만나 볼 수 있었다.

오픈AI는 카테고리별로 인기를 끌고 있는 챗봇을 소개해 줬으며 달리를 비롯해 챗GPT가 개발한 챗봇을 쉽게 활용할 수 있도록 최상단에 제공했다.

GPT스토어의 가장 큰 특징은 참여자들이 챗봇을 직접 만들고 배포하면서 생태계를 키워 나간다는 점이다. 전문적인 코딩 지식이 없어도 누구나 쉽게 자신만의 AI 에이전트인 '마이GPT'를 만들고 공유할 수 있다.

출시가 2개월 정도 미뤄지면서 출시 초기부터 300만개 이상의 챗봇이 앱 마켓에 등록됐고, 오픈 당일부터 다양한 챗봇을 만나 볼 수 있었다. AI 생태계 참여자가 많다는 걸 증명한 셈이다.

마이GPT를 만드는 과정은 매우 간단하다. 챗GPT에 로그인한 뒤 사이드바의 좌측 상단에 위치한 'GPT 탐색하기'를 클릭해 GPT 스토어에 접속, 우측 상단에 '만들기' 버튼을 누르면 바로 제작이 가능하다.

챗봇의 이름과 설명, 지침을 입력하고 내가 만들고 싶은 조건에 맞춰 학습시킬 데이터를 업로드하면 된다. 웹 검색, 이미지 생성, 코드 작성 도움 등도 선택해서 기능을 추가할 수 있다.

코딩 없이 챗GPT와 대화만으로 생성이 가능하며 챗GPT가 알아서 제안도 해 준다. 예를 들어 '한국어' GPT를 만들겠다고 입력하면 GPT의 이름, 이미지 등을 스스로 선택해 제안하고, 미리보기를 통해 챗봇 기능을 살펴볼 수 있도록 해 준다.

또한 '내GPT'를 누르면 자신이 만들었던 GPT 목록들을 손쉽게 확인할 수 있다. 마이GPT를 편리하게 관리하도록 한 것이다.

생성이 가능한 것뿐만 아니라 돈도 벌 수 있을 것으로 예상된다. 오픈AI는 2024년 1분기 미국 내 빌더들을 대상으로 GPT 빌더 수익 프로그램을 시작하겠다고 발표했다. 다만, 이 프로그램은 공식적으로 시작되지 않았으며, 실제로 수익을 거둔 사례에 대한 구체적인 정보는 공개되지 않았다. 공식적인 수익 창출 사례가 등장하면 AI 생태계의 참여자가 더욱 늘어나게 되고, 시장이 더욱 확대될 것으로 전망된다.

또 기업들의 참여도 유의미하다. 기업들은 GPT 스토어를 통해 잠재 고객들에게 접근하고, 브랜드 인지도를 높일 수 있는 새로운 마케팅 채널로 활용했다.

국내 소프트웨어 기업인 인스웨이브시스템즈는 자사의 AI스퀘어 챗봇 서비스를 GPT스토어에 입점시켰다. 이 챗봇은 실제 개발에 즉시 적용 가능한 코드 예제뿐만 아니라 퍼블리셔를 위한 다양한 가이드를 포함하고 있고 자연스러운 대화 형식으로 응답한다.

오픈AI는 2024년 5월 31일 무료 사용자에게도 GPT스토어를 공개하여 다양한 맞춤형 GPT를 활용할 수 있게 해 더 많은 이들의 오픈 AI 생태계 참여를 독려했다.

## 뜨거워지는 AI 서비스 경쟁

AI 서비스 경쟁은 매우 심화하고 있다. 언어 모델 개발은 막대한 투자 비용이 요구되고 돈을 쏟아부어도 오픈AI, 구글 등의 강력한 성능을 자랑하는 모델을 이길 가능성이 높지 않아 돈만 버리는 행위가 될 수 있기 때문이다. 이에 기존에 나와 있는 AI 모델을 활용하면서 수익을 낼 수 있는 AI 서비스를 속도감 있게 출시하는 것이 더욱 메리트 있게 여겨졌다.

국내에서는 AI 스타트업 업스테이지가 선보인 '애스크업(AskUp)'이 AI 서비스 시대의 시작이었다. 오픈AI가 챗GPT의 API(Application Programming Interface, 애플리케이션 프로그래밍 인터페이스)를 공개하자마자

업스테이지는 챗GPT 기반 챗봇인 '애스크업'을 선보였다. 애스크업은 카카오톡에서 사용할 수 있어 접근이 매우 편리했고, 챗GPT를 유료로 구독하지 않아도 GPT-4 모델 기반의 답변을 받아 볼 수 있어 많은 사랑을 받았다. 출시 두 달 만에 이용자 100만 명을 돌파하며 국내 생성형 AI의 대명사로 자리 잡았다.

이후 다양한 모델을 한 번에 만나 볼 수 있는 서비스와 엔터테인먼트를 경험할 수 있는 서비스가 우후죽순 쏟아졌다. 하나의 플랫폼에서 여러 모델을 써 보면서 본인에게 딱 맞는 모델을 찾을 수 있다.

엔터테인먼트 분야의 가장 대표적인 AI 서비스는 '수노(Suno)'다. 수노는 AI를 활용하여 사용자가 간단한 텍스트 입력만으로 음악을 생성할 수 있는 플랫폼이다. 악기 연주나 전문적인 음악 지식 없이도 누구나 자신만의 음악을 만들 수 있도록 설계됐다.

수노는 회원 가입만 해도 곡을 만들 수 있다. '크리에이트(Create)' 메뉴에서 원하는 음악의 스타일, 분위기, 가사 등을 입력하면 되며, '커스텀 모드(Custom Mode)'를 활성화하면 가사와 음악 스타일을 세부적으로 설정할 수 있다. 자신이 만든 곡이 마음에 들면 이를 다운로드할 수 있고, 플랫폼 내에서 배포할 수 있다.

하루 10곡 무료 생성이 가능하며 비상업적 용도로 사용할 수 있다. 또 다양한 음악 스타일과 언어를 지원한다.

GPT 스토어에서도 수노를 만나 볼 수 있다. GPT 스토어에 있는 수노는 작곡은 해 주지 않지만, 작사를 해 준다. GPT 스토어의 수노로 가사를 만들고, 수노 공식 홈페이지에 접속해 만든 가사를 입력하고 사용자가 원하는 스타일의 음악을 생성하면 더욱 간편하게 노래를 만들 수 있다.

또 MS의 빙에서도 활용 가능하다. MS에 탑재된 코파일럿을 켜고, 플러그인 설정을 열어 수노를 활성화하면 수노에 가입하지 않아도 손쉽게 노래를 만들 수 있다.

국내 서비스 중 '뤼튼'과 '에이닷'은 내가 원하는 다양한 LLM을 선택해 AI 챗봇으로 활용할 수 있다. '뤼튼'은 한국의 대표적인 AI 서비스 플랫폼으로, 텍스트 생성, 이미지 생성, 정보 검색 등 다양한 기능을 누구나 쉽게 사용할 수 있다.

뤼튼은 2023년 1월 서비스를 시작한 이후 빠르게 성장하여 2024년 10월 기준 월간 활성 이용자(MAU) 500만 명을 돌파했다.

뤼튼이 가파르게 성장하게 된 건 최신 AI 모델을 무료로 이용할 수 있기 때문이다. 뤼튼은 GPT-4, 클로드-3, 스테이블 디퓨전(Stable Diffusion) 3 등 최신 AI 모델을 통합하여 사용자에게 최적화된 답변과 결과물을 제공한다. 스테이블 디퓨전은 텍스트를 이미지로 생성해 주는 AI 모델이다.

이 외에도 '캐릭터 챗'을 통해 새로운 재미를 제공하는 애플리케이션도 있다. 캐릭터.AI와 같이 캐릭터와 대화를 한다는 개념은 동일하나 '가상의 캐릭터'만 존재한다. 사용자가 선호하는 캐릭터와 실시간으로 대화할 수 있는 기능을 통해 새로운 스토리와 경험을 제공한다.

이용자의 답변에 따라 새로운 스토리가 진행되며 스토리에 알맞은 이미지도 AI로 생성해 보여 준다. 또 누구나 자신만의 AI 캐릭터를 만들어 다른 이용자들과 공유할 수 있어 독자적인 생태계를 꾸려 가고 있다.

사용성도 뛰어나다. '완벽 요약' 기능을 활용하면 텍스트, 문서, 웹사이트 내용을 요약할 수 있으며 유튜브 링크를 넣으면 영상 내용도 요약해서 제공해 준다. 긴 영상을 시청하지 않아도 무슨 주제인지 쉽게 파악할 수 있다.

또 '자동 완성' 기능은 사용자가 조건을 입력하면 '블로그', '레포트', '자기소개서', 'PPT 초안', '이력서', 코딩 과제, 발표 대본, 영상 시나리오, 독후감 등을 AI가 알아서 작성해 주는 기능이다. 예를 들어 회사·학교명, 지원 직무·학과, 강조할 경험과 핵심 이력, 자기소개서 문항 등을 추가하면 직접 글을 쓰지 않아도 자기소개서가 완성된다. 지원 회사·학교와 관련된 정보를 자동으로 검색해 반영하는 '인터넷 검색 결과 활용하기'도 끄고 켤 수 있다.

SKT의 AI 개인 비서인 '에이닷'은 개인화된 경험에 더해 다양한 모델의 답변을 비교할 수 있다. SKT는 2024년 10월 PC 버전을 출시했다. 에이닷 멀티 LLM 에이전트에서는 챗GPT 3종과 앤트로픽의 클로드 3종, 퍼플렉서티, SKT 자체 모델 A.X까지 LLM 8종을 무료로 사용할 수 있다.

이런 서비스는 한 가지의 질문에 대해 다양한 AI의 답변을 한 번에 받아 보고 비교할 수 있다는 게 큰 매력 포인트다. '다른 AI 비교하기' 기능을 이용하면 챗GPT, 퍼플렉서티, 클로드를 따로따로 실행하고 일일이 복사해서 붙여 넣는 번거로운 과정이 필요 없다. 한 모델과 대화하다 다른 모델로 갈아타는 것도 자연스럽다. 새로운 AI 모델이 이전 대화의 맥락을 자연스럽게 이어 가며 대화하는 교차 대화가 가능하다.

가격대가 비교적 높은 AI 모델을 모두 구독하지 않아

도 유료 가입자만 쓸 수 있는 모델을 에이닷에서 무료로 써 보며 나에게 맞는 AI 모델을 찾을 수 있다.

'사용자 정보', 3줄 요약, 답변 형식 등을 지정할 수 있는 맞춤형 답변 받기 기능도 있다. '추가 설정'을 통해 더욱 편리하게 쓸 수 있다.

### 참고문헌


디지털타임스(2024.1.11). 인스웨이브, 'GPT스토어'에 'AI스퀘어' 챗봇 서비스 등록.
https://www.dt.co.kr/contents.html?article_no=2024011102109931081004

디지털타임스(2024.4.29). [김영욱의 AI 그까이꺼] AI와 함께라면 음악 몰라도 작곡가.
https://www.dt.co.kr/contents.html?article_no=2024042902109931065001

디지털타임스(2024.11.18). [김영욱의 AI 그까이꺼] "AI 뭐 써야하지?"...'에이닷'부터 파보자.
https://www.dt.co.kr/contents.html?article_no=2024111802109931065001

디지털타임스(2024.12.9). [김영욱의 AI 그까이꺼] 뤼튼 AI, 구독료 부담없이 문서작성 '편하네'.
https://www.dt.co.kr/contents.html?article_no=2024120902109931065001

이뉴스투데이(2023.5.16). [현장] "애스크업 사용자 100만…단순 검색 넘어 맞춤형 추천까지".
https://www.enewstoday.co.kr/news/articleView.html?idx

no=2000652

AI타임스(2024.10.31). 뤼튼, 서비스 1년10개월 만에 월간 이용자 500만 돌파…"토스·당근보다 빨라". https://www.aitimes.com/news/articleView.html?idxno=164836

## 08
# 온디바이스 AI의 무대

온디바이스 AI는 네트워크 연결 없이도 기기 자체에서 AI를 구동할 수 있어, 개인정보 보호와 실시간 응답이 중요한 시대에 각광받고 있다. 대규모 클라우드 기반 AI가 인터넷 연결 · 개인정보 유출 문제 등을 안고 있는 반면, 소형 언어 모델을 활용해 기기 내부에서 경량화된 연산을 처리하는 온디바이스 AI는 보안 · 지연 시간 · 오프라인 활용 측면에서 장점을 지닌다.

생성형 AI는 제3의 혁신을 주도하고 있지만, 한계가 있다. 바로 네트워크가 연결된 지역에서만 활용이 가능하다는 것이다. 전 세계적으로 인터넷 망이 깔려 있지만, 도서산간 지역을 비롯해 인터넷이 잘 터지지 않는 곳에서는 AI를 쓸 수 없다는 문제가 있다.

AI 모델과 서비스는 나의 PC나 모바일 기기와 AI 기업의 서버와 연결되어야 사용이 가능하고, 클라우드 기반으로 운영되기에 통신이 원활하지 못하면 온전한 AI 경험을 누릴 수 없다.

또 AI기업에 나의 정보가 흘러가게 되는데 이 데이터를 학습 데이터로 재활용하는 것은 아닌지, 개인정보가 외부로 유출되는 것이 아닌지 염려하는 목소리가 나왔다.

이런 가운데 소형 언어 모델(sLLM)이 개발되고 고도화되어 고성능의 장비가 아니어도 AI를 활용할 수 있게 됐다. sLLM의 발전은 온디바이스 기술을 더욱 현실화하고, 그 가능성을 확장하는 데 중요한 역할을 했다.

## 온디바이스의 등장

온디바이스 AI의 등장은 데이터 보안에 대한 요구와 실시간 처리 성능의 필요성에서 비롯됐다. 기존의 클라우드 기반 AI는 데이터를 서버로 전송하고 처리하는 방식이었기 때문에 개인정보 유출에 대한 우려가 컸고 네트워크 지연으로 인해 실시간 응답에 한계가 있었다.

이 문제의 해결책으로 온디바이스 AI가 주목받기 시작했다. 온디바이스 AI는 데이터를 클라우드에 전송하지 않아도 기기 자체에서 AI 기능을 활용할 수 있도록 한 AI다. 스마트폰, 태블릿, 웨어러블 기기 등 다양한 디바이스가 직접 AI 연산을 처리하는 것이다.

온디바이스 AI는 개인정보 보호에 대한 중요성이 부각됨에 따라 더욱 가치가 높아지고 있다. 사용자가 일상생활에서 AI를 활용할 때 개인정보를 입력할 가능성이 매우 높다. 이 데이터를 외부 서버로 전송하면 개인정보를 외부에 유출하게 되는 것이다.

온디바이스 AI는 이러한 데이터를 외부 서버로 전송하는 과정에서 발생하는 보안 위협을 최소화하고, 사용자가 자신의 데이터를 더욱 안전하게 관리할 수 있는 환경을 제공한다.

또 인터넷 연결 없이도 사용자의 질의에 실시간으로 응답할 수 있다. 온디바이스 AI는 클라우드로부터의 응답을 기다리지 않고 기기 내부에서 데이터 처리가 이루어지기 때문에 지연 시간을 크게 줄일 수 있다.

이는 증강 현실(AR), 가상 비서, 자율 주행 등 실시간 반응이 중요한 애플리케이션에서 강점을 가진다. 또 긴급 상황에서 신속한 대응이 필요한 애플리케이션이나, 사용자 경험을 극대화해야 하는 게임 및 엔터테인먼트 분야에서도 유용하게 쓰일 수 있다.

온디바이스 AI는 불안정한 인터넷 환경에서도 AI 경험이 유지된다. 해외여행을 가거나 시골에 머물 때만 느린 인터넷을 경험하지 않는다. 서울만 해도 지하철, 인구 밀집 지역, 고층 건물 등 인터넷 음영 지역이 존재한다.

불안정한 환경에서 AI를 사용하면 필요한 순간에 원하는 결과물을 받아 볼 수 없고, 답변 지연 외에도 작업 자체가 중단될 수 있다. 온디바이스 AI는 네트워크 연결에 의존하지 않아 서비스 중단 위험이 낮다.

더 나아가 보다 개인화된 경험을 제공할 수 있다. 온디바이스 AI는 디바이스에 탑재된 AI로 사용자의 이용 패턴 등을 분석해 사용자 중심 환경을 제공할 수 있다. AI 모델이나 서비스를 활용하지 않더라도 디바이스에 등록된 기본 애플리케이션을 통해 개인화를 보다 쉽게 체감할 수 있다.

## 온디바이스 AI와 sLLM

온디바이스 AI는 제한된 하드웨어 리소스(메모리, 처리 속도, 전력 소모 등)에서 동작하는 것으로, 클라우드 기반의 대규모 언어 모델(Large Language Model, LLM)과 달리, 디바이스에서 동작할 수 있는 경량화된 sLLM이 필수다.

sLLM은 LLM과 달리 한정된 자원에서도 실행할 수 있도록 최적화된 AI 모델로, 기기 내부에서 연산이 가능할 정도로 가볍지만 여전히 높은 수준의 언어 이해와 생성 능력을 제공한다.

이는 제한된 메모리와 연산 능력을 가진 디바이스에서 인공지능 기능을 구현할 수 있도록 하며 이를 통해 사용자와의 자연스러운 상호작용을 가능케 한다.

예를 들어 다수의 매개변수를 학습해 성능이 뛰어난 오픈AI의 GPT나 구글의 제미나이 울트라는 클라우드에서 실행되는데, sLLM은 스마트폰에 탑재할 수 있다.

특히, sLLM은 온디바이스 환경에서 실시간으로 데이터를 처리할 수 있으며 사용자 데이터를 디바이스 내에서 처리하므로 사생활을 보장하면서 개인화된 결과를 제공한다. 또 제한된 환경에서 사용할 수 있어 성능이 아쉬울 수 있지만, 기본적인 작업을 수행하는 데는 문제가 없다. 많은 리소스가 필요한 작업은 LLM에 전송해 처리하면 된다.

또 sLLM은 최신 기술을 적용하여 경량화되면서도 높은 성능을 유지할 수 있는 방향으로 계속 발전하고 있으며 이러한 기술적 진보는 온디바이스 AI의 잠재력을 더욱 확대하고 있다.

## 2024년 통신 업계 화두 'AI 폰'

잠재력이 높은 온디바이스 AI에 일반인의 관심이 모인 계기는 삼성전자의 갤럭시 S24 시리즈 때문이다. 삼성전자는 2024년 1월 갤럭시 S24 시리즈를 공개하면서 '온디바이스AI'와 AI폰 시대의 문을 열었다.

삼성전자는 구글, 퀄컴과 협력을 강화해 갤럭시 S24 시리즈에 온디바이스 AI와 클라우드 AI를 결합한 '하이브리드형' AI를 구현했다. 온디바이스 AI 기능은 통화 중 '실시간 통역' 과 메시지 실시간 번역 기능이다. 사용자는 통화 내용이 외부로 유출될 걱정 없이 AI 기능을 사용할 수 있다. 지원 언어는 한국어, 영어, 일본어, 프랑스어 등 13개 언어다.

이로써 갤럭시 시리즈가 AI 디바이스로 각인됐으며 삼성전자는 '갤럭시S23' 시리즈, '갤럭시Z폴드 · 플립5'

시리즈 등 전작에 AI 기능을 업데이트했으며 '갤럭시 Z 폴드 · 플립 6'에 AI 기능을 선보였다.

이에 더해 삼성전자는 갤럭시 탭 S10 울트라를 AI 태블릿으로 출시했다. 글로벌 조사기관 IDC가 발표한 2024년 3분기 태블릿 시장 점유율에 따르면 삼성전자는 'AI 태블릿' 효과로 전년 대비 100만 대 이상 증가한 710만 대의 스마트폰을 판매했다.

'AI 폰' 열풍은 '한국'에 국한된 것이 아니었다. 2024년 2월 스페인 바르셀로나에서 열렸던 'MWC 2024'은 전 세계적인 AI 폰 경쟁의 장이었다. 중국 제조사 아너는 '아너 매직6'를, 비보는 'X100'을, 샤오미는 샤오미 14와 14 울트라를 AI 폰으로 선보였다. 도이치텔레콤은 앱이 필요 없는 형태의 AI 폰 시제품을 공개했다. 이 시제품은 사용자의 명령을 이해하고 다양한 애플리케이션을 설치하지 않아도 복합적인 업무를 수행할 수 있다는 특징이 있다.

애플도 'AI 폰'인 아이폰 16 시리즈를 같은 해 9월 출시했다. 애플은 출시에 앞서 AI 시스템 '애플 인텔리전스'를 공개하며 관심을 유도했다.

애플 인텔리전스의 주요 기능은 글쓰기 도구, 이미지 생성, 사진 앱의 정리 도구, 알림 관리 등으로, 사용자의 일상적인 작업을 간소화하고, 더욱 효율적으로 처리할 수 있도록 설계됐다. 다만, 이 기능은 출시 직후 탑재되지 않았으며 영어권의 일부 지역에서만 활용 가능하다. 한국에서는 2025년에 사용할 수 있다.

온디바이스 AI가 모바일 디바이스 시장에서 대두되면서 퀄컴의 시장 입지는 더욱 강화되고 있다. 퀄컴은 1985년 설립된 미국의 다국적 반도체 및 통신 장비 기업으로, 모바일 칩셋 '스냅드래곤'을 생산하고 있다. 모바일 기기를 잘 아는 이들은 '스냅드래곤' 탑재 유무로 디바이스의 성능을 예측하고 있다.

퀄컴은 2024년 10월 최고 수준의 중앙 처리 장치(CPU), 그래픽 처리 장치(GPU) 및 신경망 처리 장치(NPU) 기능을 갖춘 최신 모바일 시스템 온 칩(SoC)인 '스냅드래곤 8 엘리트(Snapdragon 8 Elite)'를 발표했다. 스냅드래곤 8 엘리트는 스마트폰이 데스크톱 수준의 성능을 뽐낼 수 있는 스펙을 갖췄다.

퀄컴은 이번 스냅드래곤 8 엘리트를 통해 모바일 기기에서 생성 AI 작업의 성능을 크게 개선하고자 하며, 이를 위해 스냅드래곤 칩에 처음으로 오리온 기술을 도입했다. 이번 칩셋은 이미지 및 텍스트 생성 작업을 수행할 수 있도록 설계되었다. 삼성 갤럭시 S25, 샤오미 15 등에 탑재될 예정이다.

퀄컴은 온디바이스 AI 기술을 모바일 외에도 자동차, 사물인터넷(IoT) 등 다양한 분야로 확장하며 새로운 시장을 개척하고 지속적인 성장 동력을 확보하고 있다.

## 온디바이스의 지향점

온디바이스 AI는 활용할 수 있는 영역이 무궁무진하다. 가전 제품 및 스마트폰, 헬스 케어, 자율주행, 금융 등 일상과 밀접한 곳에 쓰일 수 있다.

예를 들어 헬스 케어 분야에서의 온디바이스 AI는 건강 관리를 위한 실시간 인사이트와 알림을 제공한다. 웨어러블 디바이스 착용자의 건강 상태를 실시간으로 모니터링하고 건강 문제를 조기에 발견하도록 도울 수 있다. 또 개인 맞춤형 운동 계획을 제공하고 적절한 식단을 제안할 수도 있다.

이는 온디바이스 AI가 개인정보 보호와 실시간 처리에서 매우 유리하기에 가능한 시나리오다. 그러나 기기의 하드웨어 한계, 저장 공간 부족, 에너지 문제 등 단점도 무시할 순 없다.

무조건 좋은 기술은 존재하지 않는다. 온디바이스 AI도 마찬가지다. 사용 목적에 따라 도입 여부를 신중하게 결정해야 한다. 최근 기업들은 더욱 효율적인 칩 설계와 소프트웨어 최적화로 온디바이스 AI의 장점을 살리는 한편, 단점을 최소화하기 위해 노력 중이다.

## 참고문헌

디지털타임스(2024.2.24). [MWC 2024] 삼성이 만든 '온디바이스 AI' 판도… 애플·샤오미도 참전.
https://www.dt.co.kr/contents.html?article_no=2024022602101231029002

디지털타임스(2024.11.5.). '갤럭시 AI' 탑재 태블릿 통했다…삼성, 3분기 판매량 전년 대비 18.3% 성장.
https://www.dt.co.kr/contents.html?article_no=2024110502109931029001

삼성전자 반도체 뉴스룸(2019.12.9). 차세대 딥러닝 기술 '온디바이스(On-Device) AI'란?.
https://news.samsungsemiconductor.com/kr/%EC%B0%A8%EC%84%B8%EB%8C%80-%EB%94%A5%EB%9F%AC%EB%8B%9D-%EA%B8%B0%EC%88%A0-%EC%98%A8-%EB%94%94%EB%B0%94%EC%9D%B4%EC%8A%A4on-device-ai%EB%9E%80/

09

# 나와 교감하고 교류하는 AI, GPT4o

GPT-4o는 카메라를 통해 실시간으로 세계를 이해하며, 100여 개 언어 지원 · 감정 표현 · 사투리 인식 등 사람에 가까운 대화 능력을 선보였다. GPT-4 대비 연산 속도는 2배 빨라졌고, 긴 문맥 유지 · 이미지 · 음성 등 다양한 데이터 처리가 가능했다. 기업들은 파인튜닝 기능을 통해 의료 · 법률 · 금융 등 전문 분야 서비스를 제공할 수 있게 됐다. 'GPT4o with 캔버스'는 글쓰기 · 코딩 협업을 위한 새로운 인터페이스를 도입해 프로젝트 편집 · 수정 · 피드백을 한곳에서 처리하도록 지원, 본격적인 AI 협업 시대를 열고 있다.

## AI 모델의 이상향 GPT-4o

오픈AI는 2024년 5월 예고도 없이 GPT-4o를 깜짝 발표했다. 라이브 스트리밍 이벤트로 공개된 GPT-4o는 사람과 유사한 수준으로 대화하는 놀라운 장면을 보여 줬다. 특히, 카메라로 세상을 바라본 이 AI는 사람과 관련 대화를 나누었으며 풍부한 감정을 표현했다. 정말 사람과 대화하는 것 같았다.

오픈AI는 지난해 3월 'GPT-4', 11월 'GPT-4 터보(turbo)'를 내놓은 후 7개월 만에 GPT-4o를 선보였다. 한 언론은 2014년 5월 개봉한 영화 〈그녀(her)〉를 현실로 구현한 것이라고 평가했다. 〈그녀〉는 과학기술의 발달과 함께 개인화된 2025년 미래의 로스앤젤레스에서 인격형 인공지능 서비스와 사랑에 빠진 남자의 이야기를 그린 영화다. 실제로 샘 올트먼(Sam Altman) 오픈AI 최고경영자(CEO)는 행사 이후 소셜미디어(SNS) X에 'her'라는 단어를 게시했다.

GPT-4o는 카메라로 입력된 이미지를 분석하고, 그에 대해 설명하거나 관련된 대화를 나눌 수 있다. 이에 더해 카메라를 통해 상황을 실시간으로 이해하고 적절한 대화를 나눌 수 있다. 예를 들어 음식 사진을 보고 요리법을 추천해 주거나 여행지 관련 정보를 제공하는 식이다.

또 매우 빠른 응답 속도를 자랑한다. 사용자는 GPT-4o와 거의 실시간으로 정보를 주고받을 수 있다. GPT-4보다 처리 속도가 2배 빠르며 응답 시간이 인간의 대화 속도와 유사한 수준이다.

이 모델은 이전 모델의 언어 문제를 가뿐히 해결했다. 이전 버전의 모델들은 질문을 영어로 번역하고 이해한 뒤 답변을 생성하고 다시 그 나라의 언어로 번역하는 과정을 거쳤다. 즉, 영어로 완성한 답을 한글로 번역해야 해 응답 속도가 더디었으며, 비영어권 지역의 유료 가입자는 똑같은 돈을 내고도 저하된 성능을 경험해야 했다.

이 모델은 100개 이상의 언어를 지원하며 주요 언어뿐만 아니라 소수 언어에서도 높은 정확도를 제공한다. 그리고 한국의 지역별 사투리나 속담을 이해할 수 있다. 같은 언어 내에서 지역적 억양, 관용 표현, 문화적 맥락에 맞춘 대화 생성이 가능해졌기 때문이다.

실시간 번역도 지원하여 복잡한 문장 구조나 구어체 번역도 자연스럽게 처리한다. 심지어 오타를 입력해도 이해한다. 더 이상 챗GPT에 질문하기 위해 영어 공부를 하지 않아도 되는 것이다.

이러한 GPT 모델의 언어적 능력 향상은 음성 기능에서 확인할 수 있다. GPT-4o는 라이브 스트리밍 행사에서 이탈리아어와 영어 간의 통역을 선보였다. 미라 무라티(Mira Murati) 오픈AI 전 최고기술책임자(CTO)가 이탈리아어로 말하니 영어로 통역해 줬다.

## 성능은 오르고 비용은 내려가

GPT-4o는 더욱 강력한 자연어 이해와 응답 생성 능력을 갖췄으며 사용자 맞춤형 대화 기능을 통해 많은 응용 분야에서 중요한 변화를 가져왔다. 이 모델은 GPT-4의 한계를 보완하고, 기능성과 최적화된 성능을 추가로 제공하는 데 중점을 뒀다.

GPT-4o는 이전 버전들에 비해 훨씬 더 긴 컨텍스트를 이해하고 유지할 수 있는 능력을 보유했다. 사용자와 나눈 모든 대화 내용을 기억하고 있어 여러 주제를 넘나들어도 이전에 질문한 내용을 토대로 적절하게 답변해 준다. 단발적인 대화가 아닌 장기간에 걸쳐 교감할 수 있는 것이다.

또 GPT-4o는 추론 능력을 극대화하기 위해 트랜스포머 아키텍처를 정교하게 개선했다. 최신형 고성능 그래픽 처리 장치(GPU)와 텐서 처리 장치(TPU)를 기반으로 학습과 추론이 이루어져 더 빠른 연산 속도와 높은 데이터 처리 능력을 갖추게 됐다.

이러한 하드웨어 최적화는 에너지 효율성을 높이고 운영 비용을 낮추는 데에도 기여했다. GPT-4o 모델은 GPT-4 터보 대비 API(application programming interface, 애플리케이션 프로그래밍 인터페이스) 사용 비용이 50% 저렴해졌다. 이로써 더 많은 개발자들이 비용 부담 없이 고성능 AI를 활용할 수 있게 됐다.

이에 더해 '어댑터 모듈'이라는 새로운 기술이 도입됐다. 모델의 일부만 수정해 특정 작업에 적응시키는 기능으로, 전체 모델을 다시 학습시키지 않아도 새로운 기능을 추가하거나 기존 성능을 개선할 수 있게 됐다. 비용과 시간을 절감하고 AI의 상업적 활용성을 높인 것이다.

GPT-4o는 새로운 문제를 더욱 빠르고 정확하게 해결할 수 있으며 복잡한 계산이나 논리 문제에 대해 발전된 답변을 내놓는다. 이전 모델보다 복잡한 인과관계를 잘 이해하고 적절한 답변을 제공하는 데 탁월하다.

이 모델은 텍스트뿐만 아니라 이미지, 음성 등 다양한 데이터 유형을 동시에 처리하는 능력도 크게 개선됐다. 사용자는 텍스트와 이미지를 함께 입력하여 이미지에서 필요한 정보를 추출하고 설명하는 방식으로 작업을 수행할 수 있다. 이에 따라 교육, 의료, 광고 등 다양한 분야에서 큰 혁신을 불러일으키고 있다.

사용자 맞춤형 서비스도 제공한다. 사용자의 선호도와 대화 스타일을 학습하여 사용자에게 맞는 톤과 방식으로 응답을 생성할 수 있다. 이는 기업 고객이나 개인 사용자들이 AI의 반응을 특정 상황에 맞게 조정하고 더욱 자연스러운 대화를 이어 나갈 수 있게 한다.

특히, 오픈AI는 GPT-4o에 기업들이 파인튜닝으로 맞춤화할 수 있는 기능을 탑재한다고 발표했다. 이 기능은 기업들이 자체 데이터를 활용해 특정 종류 작업이나 주제 영역에 대한 추가 정보를 AI 모델에 학습시킬 수 있도록 한다. 특히 전문 지식이 필요한 의료, 법률, 금융 등의 분야에서 유용하게 사용될 수 있으며 사용자는 AI 모델을 특정 정보에 맞춰 학습시킬 수 있다. 이를 통해 해당 분야에 특화된 맞춤형 서비스를 제공할 수 있다.

블룸버그통신에 따르면 예를 들어 스케이트보드 생산업체는 이 기능을 통해 AI 모델을 파인튜닝하고 바퀴와 보드 관리를 위한 세부 사항에 대한 질문을 처리할 수 있는 챗봇으로 활용할 수 있다.

이 외에도 GPT4-o는 최신 정보를 통합하고 자주 업데이트할 수 있는 기능을 갖춰 최신 데이터를 바탕으로 응답을 생성하며 정보의 정확성을 높였다.

## 다양한 곳에서 활약하는 GPT-4o

이전보다 강력해진 AI 모델인 GPT-4o는 다양한 산업군에서 혁신을 일으키고 있다. 의료 분야에서는 의료 기록 분석, 질병 진단 지원, 환자와의 대화에서 의료 정보를 제공하는 등 역할을 한다.

의사들이 환자에게 더 나은 치료를 제공할 수 있도록 돕고, 환자에게도 맞춤형 건강 정보를 제공한다. 예를 들어 환자가 증상을 설명하면 GPT-4o가 이를 분석해 가능한 원인을 제시하거나 의사와의 상담 내용을 요약해 줄 수 있다.

교육 분야에서도 활약을 보인다. 학생들에게 맞춤형 학습 경험을 제공하고, 개별 학생의 학습 스타일과 수준을 분석하여 학습 목표 달성에 필요한 자료와 연습 문제를 제안한다. 학생들이 효과적으로 공부할 수 있도록 돕고, 교사들은 학생들의 이해도를 실시간으로 파악할 수 있게 한다. 복잡한 개념을 다양한 방식으로 설명하여 학생들이 더 깊게 이해하도록 돕는 데도 뛰어난 능력을 발휘하고 있다.

## 글쓰기·코딩 특화된 'GPT4o 위드 캔버스'

오픈AI는 2024년 10월 3일 챗GPT 캔버스의 베타 버전을 선보였다. GPT 4.0 모델을 기반으로 하며, 글쓰기와 코딩, 협업에 더욱 초점을 맞춘 AI 서비스다.

단순히 질문과 답을 주고받던 기존 챗GPT 인터페이스와 달리, 동료들이 프로젝트 전체 맥락을 이해하면서 정교한 피드백을 주고받을 수 있는 협업 기능을 갖췄다.

기존에는 채팅 기반 인터페이스로 사용성이 뛰어났지만, 편집과 수정이 필요한 프로젝트 작업에는 한계가 있었다. 챗GPT 캔버스는 편집과 수정이 용이한 새로운 인터페이스를 제공한다.

이 서비스는 간단하게 글을 쓸 수 있는 도구다. 사용자가 챗GPT 화면에서 캔버스를 누르고 주제를 입력하면 알아서 글을 생성해 주고, 새로운 인터페이스가 안내된다.

신규 인터페이스의 좌측에는 챗봇이 있어 추가 질의를 통해 더 세밀한 답변을 유도할 수 있고, 메인 화면에서는 답변을 자유롭게 수정할 수 있다. 이에 더해 글의 분량도 클릭만으로 늘리거나 줄이는 등 간단하게 조절할 수 있다.

예를 들어 글쓰기의 경우 이전에는 챗GPT가 작성한 문장을 수정하려면 사용자가 기존 문서 편집 도구를 활용해야 했지만, 이제는 챗GPT의 답변을 자유롭게 지우

거나 글씨체 굵기, 기울임 등을 조절할 수 있다.

AI를 활용한 코딩 작업도 매우 개선됐다. 챗GPT가 생성한 코드를 작업하는 환경에 맞춰 직접 수정할 수 있다. 챗GPT에 추가 요청을 할 때마다 기존 답변을 검토하고 적절한 위치에 코드를 추가해 준다.

또 생성된 코드에 대한 검토와 버그 수정, 로그 추가, 주석 달기 등의 작업도 가능하다. PHP, C++, 자바, 자바스크립트, 타입스크립트 등 다양한 프로그래밍 언어로 포팅할 수도 있다.

### 참고문헌


디지털타임스(2024.8.21). 오픈AI, GPT-4o 파인튜닝 기능 제공. https://www.dt.co.kr/contents.html?article_no=2024082102109931081001

디지털타임스(2024.9.19). 'AI 경쟁' 앞서가는 오픈AI… 밀리는 구글. https://www.dt.co.kr/contents.html?article_no=2024091802109931081009

디지털타임스(2024.9.22). [김영욱의 AI 그까이꺼] 수능문제 고민하며 풀이… 더 똑똑해진 '챗GPT o1'. https://www.dt.co.kr/contents.html?article_no=2024092302100931065001

오픈AI 공식 사이트. https://openai.com/api/pricing/

조선일보(2024.5.15). 영화 'HER'가 현실됐다…오픈AI, 사람처럼 보고 듣고 말하는 AI 기습 공개.

https://www.chosun.com/economy/tech_it/2024/05/14/VSSP3L5PRVD2BDSZSL3VKYBFYY
IT월드(2024.5.14). "얼굴 표정, 손글씨도 인식…" 오픈AI, GPT-4o 발표. https://www.itworld.co.kr/news/336725

## 10
# 다가오는 범용 인공지능 시대

AGI(범용 인공지능)는 인간과 유사한 수준의 지능을 갖춰 새로운 상황에 스스로 대처하고 다양한 문제를 유연하게 해결할 수 있는 미래 기술이다. 현재 개발된 대부분의 AI가 특정 업무에 특화되어 있는 것과 달리, AGI는 추론 · 학습 · 상황 인식 등에서 인간 수준의 능력을 목표로 삼는다.

## 사람 같은 AI, 범용 인공지능

범용 인공지능(Artificial General Intelligence, AGI)은 인간과 유사한 수준의 지능을 갖추고 다양한 문제를 유연하게 해결할 수 있는 인공지능이다. 현재 AI는 질문을 해결하는 것이나 특정 작업에 최적화되어 있는데, AGI는 사람처럼 새로운 상황에도 스스로 학습하고 문제를 해결할 수 있는 능력을 갖춘 모델로 전망된다.

현재 활발히 개발되는 AI는 ANI(Artificial Narrow Intelligence)로도 불린다. 좁은 인공지능이라는 뜻으로 특정 영역에만 국한된 인공지능이다. 구글의 '알파고'와 오픈AI의 챗GPT가 대표적이며 음성 인식 시스템, 이미지 분류, 추천 알고리즘 등이 이에 속한다.

대부분의 인공지능 시스템은 특정 작업을 매우 잘 수행하지만, 인간처럼 상황을 이해하고 새로운 문제를 해결하는 범용적인 능력에는 한계가 있다. 예를 들어 챗GPT는 매우 뛰어난 AI로 평가받고 있지만, 아직까지 다양한 작업을 잘하지는 못한다.

AGI는 이러한 한계를 넘어서기 위해 개발되고 있다. 이론적으로는 사람처럼 추론하고 창의적으로 생각하며 다양한 작업을 수행할 수 있을 것으로 기대된다. 즉, AGI는 단순히 하나의 문제를 해결하는 것을 넘어 사람처럼 다양한 문제를 다각도로 생각하고 중요한 부분을 추출하여 적절한 결정을 내리는 복잡한 과정을 수행하는 것을 목표로 한다.

AGI는 사람의 지적 능력과 매우 흡사한 형태이며 모든 영역에서 높은 수준의 이해와 추론 능력을 보여 줄 것으로 예상된다. 만약 AGI가 실현된다면 인간의 직관적 사고, 감정 이해, 도덕적 결정까지도 복제할 수 있는 인공지능이 될 수 있으며, 이는 단순히 특화 인공지능이 해결하지 못하는 문제를 해결하는 강력한 도구가 될 가능성이 크다.

이를 위해 AGI는 지식의 범용성, 자율 학습, 추론과 문제 해결, 상황 인식과 적응력 등의 능력을 갖춰야 한다. 특정 분야가 아닌 다양한 지식과 정보를 활용할 수 있어야 하며 학습 데이터 의존도가 높은 AI의 한계를 넘어 스스로 경험을 쌓고 새로운 지식을 습득할 수 있어야 한다.

또 해당 상황을 빠르게 파악하고 그에 맞는 행동을 선택하는 능력이 필요하며 인간처럼 논리적으로 사고하고 창의적으로 문제를 해결할 줄 알아야 한다. 이를 위해 AI 생태계 참여자들은 AGI를 목표로 개발에 나섰다.

## 가장 AGI에 가까운 오픈AI

선두 주자는 오픈AI다. 오픈AI는 GPT o1, 소라(Sora) 등을 선보였으며 차세대 모델 '오리온'을 공개할 예정이다.

오픈AI는 GPT o1-프리뷰(preview)를 2024년 9월 발표했다. 복잡한 문제 해결과 추론 능력을 강화한 모델이다. 추론은 AI가 학습한 정보를 활용해 새로운 결론을 도출하거나 이용자의 질문에 적절하게 대답하는 능력을 의미한다. 이 모델은 12월 정식 출시됐고, 속도는 50% 향상했고, 할루시네이션 현상은 34% 감소했다.

GPT o1은 과학, 수학, 프로그래밍 등에서 높은 성능을 보이며 특히 복잡한 수학적 문제나 고차원 이론에 정교하고 정확한 답변을 제공한다.

이 모델은 다단계 추론을 바탕으로 수학 · 과학 · 코딩 등 고난도 문제 해결에 특화됐다. 기존 GPT-4o에 비해 국제 수학 올림피아드 문제 해결 능력이 13%에서 83%로 대폭 향상됐다. 오타가 가득인 문장도 이해하고 영어로 번역하거나 답변도 해 준다.

이는 CoT(Chain of Thought, 사고 사슬) 기법이 적용된 결과다. 오픈AI에 따르면 이 모델이 실수를 인식하고 수정하는 방법을 학습했고, 복잡한 단계를 더욱 간단하게 세분화하고 접근 방식이 잘못됐다면, 다른 방식으로 시도하는 법을 배운다. 생성형 AI가 논리적으로 문제를 풀게 된 것이다.

이 AI 모델은 사용자가 질문하면 생각하는 일련의 과정을 보여 준다. 사용자는 몇 초 동안 생각했는지, 어떻게 결과를 생성했는지를 확인할 수 있다.

오픈AI는 이 모델이 과학, 코딩, 수학 등에서 복잡한 문제를 해결하는 데 특히 유용할 것이라고 소개했다. 예를 들어 의학에서는 세포 염기서열 데이터에 주석을 달 수 있고, 물리학자들은 양자 과학에 필요한 복잡한 수학 공식을 생성할 수 있으며, 개발자들은 작업 전반에 활용할 수 있다.

다만, 추론 단계의 시간이 평균적으로 30초가 넘어 대기 시간이 긴 편이다. 또 GPT-4o와 달리 텍스트, 오디오, 비디오, 이미지 등 다양한 데이터의 입출력을 처리할 수 없으며, 오로지 텍스트로만 질문을 받는다. 그리고 웹 브라우징이 불가능해 학습하지 않은 정보를 정확하게 전달할 수 없다.

이와 함께 오픈AI가 개발한 '소라'는 텍스트 입력만으로 고화질의 동영상을 생성하는 혁신적인 인공지능 모델이다. 이 기술은 사용자의 프롬프트를 기반으로 최대 1분 길이의 사실적이고 창의적인 영상을 만들어 내며 다양한 분야에서 활용 가능성을 보여 주고 있다.

일반인에게 공개되지 않은 이 모델은 사용자가 입력한 텍스트를 시각화해 동영상으로 만들어 줄 뿐만 아니라 기존의 이미지를 활용하여 해당 이미지의 내용을 애니메이션화하거나, 이미지를 기반으로 새로운 동영상을 생성한다. 영화, 애니메이션, 예술 작품 등 다양한 스타일의 영상을 제작할 수 있으며, 사용자의 요구에 맞게 바꿀 수 있다.

소라는 영화, 광고, 교육 콘텐츠 등 제작에 활용될 것으로 예상되며 전문적인 영상 제작 기술이 없이 상상력만으로도 누구나 영상을 만들 수 있어 영상 제작 분야의 혁신을 이끌 것으로 기대된다.

이런 가운데 GPT-5, 오리온 등 오픈AI의 차세대 모델에 대한 관심이 높아지고 있다. GPT-5는 이전 모델보다 향상된 자연어 처리 능력을 갖추어 더 긴 형식의 콘텐츠를 이해하고 생성할 수 있을 것으로 기대된다.

복잡한 문제 해결과 추론 능력이 강화되어 다양한 분야에서 인간 수준의 성능을 발휘하며 사용자 정보와 대화 이력을 기반으로 더욱 개인화된 대화 경험을 제공할 것으로 기대되고 있다.

차세대 모델 '오리온'은 GPT-4 모델에 비해 최대 100

배 강력한 성능을 자랑할 것이라고 예상되지만 공식적으론 확인된 정보는 아니다.

오리온에 대해서는 '긍정'보다는 '부정'적인 언급이 많다. 최근 내부 테스트에 따르면 오리온은 GPT-4에 비해 성능 향상이 제한적이며 코딩 작업에서의 개선 폭이 GPT-3에서 4로 넘어갈 때보다 작다고 알려졌다.

## AGI의 장밋빛 전망

AGI의 미래는 우리의 생활 방식을 근본적으로 변화시킬 잠재력을 가지고 있다. AGI는 노동 시장, 교육, 건강 관리, 창의적 작업 등 수많은 분야에서 혁신을 일으킬 것으로 기대된다.

노동 시장에서는 단순 반복 작업을 대체하고, 인간이 더욱 창의적이고 고차원적인 문제에 집중할 수 있는 기회를 제공할 수 있다.

예를 들어, AGI는 대량의 데이터를 분석하고 빠른 의사 결정을 내려 의료 진단의 정확성을 높이고, 교육 분야에서는 각 학생의 학습 스타일에 맞춘 맞춤형 교육을 제공할 수 있다.

이는 단순히 시간을 절약하는 것에 그치지 않고, 인간이 진정으로 가치 있는 활동에 더 많은 시간을 투자할 수 있게 만드는 변화를 이끌 것이다.

또 AGI는 창의적인 작업에서도 인간을 보조하거나 협력하는 역할을 수행할 수 있다. 예술 창작 분야에서는 AGI가 예술가들과 협업하여 새로운 작품을 만들어 내거나, 창작 과정에서 필요한 영감을 제공하는 역할을 할 수 있다.

이는 예술의 경계를 확장하고, 인간의 창의력을 더욱 풍부하게 만들 수 있다. 음악, 미술, 영화와 같은 창의적 영역에서 AGI는 단순한 도구를 넘어 공동 창작자로 자리 잡을 가능성을 보여 주고 있다. 이러한 가능성은 앞으로 인간과 기계가 어떤 형태로 협력할 수 있을지에 대한 기대감을 키우고 있다.

그러나 AGI의 발전에는 윤리적, 사회적 문제도 함께 수반된다. AGI가 인간의 일자리를 대체할 위험, AGI를 악용할 가능성, AGI가 인간의 의도와 무관하게 스스로 판단하고 행동하는 데서 발생할 수 있는 통제의 문제 등은 개발과 함께 고려되어야 한다.

AGI가 우리의 생활을 보다 효율적으로 만들어 줄 가능성은 매우 크지만, 기술적 발전만으로는 충분하지 않다. 인간이 AGI를 사용하는 방식, 그리고 그 과정에서 발생하는 윤리적 문제를 해결하는 능력이 AGI의 성공

여부를 결정할 것으로 보인다.

따라서 우리는 기술 발전과 동시에 윤리적 논의를 적극적으로 진행하고, 사회적 합의를 통해 AGI를 책임감 있게 활용할 방안을 모색해야 한다. 이런 노력 없이는 기술의 발전으로 얻는 이득보다 위험이 더 클 수 있다.

AGI의 미래는 아직 불확실한 부분이 많지만, 오픈AI의 o1와 같은 발전 사례들은 우리가 그 가능성에 한 걸음씩 다가가고 있음을 보여 준다. AGI는 인간의 한계를 넘어서는 도구가 될 수 있지만, 그 도구를 어떻게 활용할지에 대한 책임은 여전히 인간에게 달려 있다.

AGI가 가져올 미래를 긍정적으로 만들기 위해서는 기술 개발 외에도 그 기술이 실제로 어떻게 사용될지를 둘러싼 사회적 합의와 책임 있는 사용이 필수다. 이를 통해 AGI는 단순한 기술적 진보를 넘어서, 인간과 사회의 진정한 동반자로서 자리 잡을 수 있을 것이다.

AGI는 개발 속도가 특이점을 넘어가며 코앞으로 다가오고 있다. 일각에서는 AGI를 넘어 ASI(ASI, Artificial Super Intelligence, 인공초지능)도 등장할 것이라고 전망한다. ASI는 인간의 지능을 뛰어넘는 지적 능력을 가진 가상의 AI 시스템으로 아직까지 이론적인 개념에 불과하다.

일론 머스크는 2024년 4월 “가장 똑똑한 인간보다 더 똑똑한 AI를 AGI로 정의한다면, 아마도 내년이나 내후년엔 가능할 것”이라고 전망했다.

## 참고문헌


뉴시스(2024.4.10). ‘사람과 같은 인공지능’ AGI 패권 경쟁…머스크 “내년”, 손정의 “10년”.
https://www.newsis.com/view/NISX20240409_0002694046

디지털타임스(2024.9.22). [김영욱의 AI 그까이꺼] 수능문제 고민하며 풀이… 더 똑똑해진 ‘챗GPT o1’.
https://www.dt.co.kr/contents.html?article_no=2024092302100931065001

디지털타임스(2024.12.30). [김영욱의 AI 그까이꺼] “머리 위에 고양이 올려줘”…순식간에 고화질 영상이 눈앞에.
https://www.dt.co.kr/contents.html?article_no=2024123002109931065002

연합뉴스(2024.11.12). AI 성장한계 다다랐나?…“오픈AI 차기 모델, 성능 향상 둔화”.
https://www.yna.co.kr/view/AKR20241112029900091

SK broadband 공식 블로그(2024.2.29.). 텍스트로 영상 제작이 가능해졌다! Open AI가 만든 '소라(Sora)'의 놀라운 능력.
https://blog.skbroadband.com/4717

ABLEARN.
https://ablearn.kr/insight/?bmode=view&idx=21504027

**김영욱**

한국항공대학교 전자 및 항공전자전공 졸업 이후 2022년부터 온라인 경제 매체 '이뉴스투데이'에서 기자 생활을 시작해 2023년 12월부터 ≪디지털타임스≫ ICT 과학부에서 ICT 업계를 출입하고 있다. 2024년 1월부터 언어 모델이나 AI 서비스를 소개하는 기명 코너 "AI 그까이꺼"를 연재하고 있다. "AI 그까이꺼"를 통해 AI 모델이나 서비스를 어떻게 활용하면 좋을지 그 체험기를 담고 있으며 모델 업데이트의 경우 이전 모델 대비 개선된 성능과 신규 버전에서 새롭게 써 볼 수 있는 요소들을 발굴해 사례를 소개하고 있다.